"金陵文脉"行与思

胡云信 ｜ 主编

光明日报出版社

图书在版编目（CIP）数据

"金陵文脉"行与思 / 胡云信主编 . -- 北京：光明日报出版社，2022.4

ISBN 978 - 7 - 5194 - 5387 - 9

Ⅰ.①金… Ⅱ.①胡… Ⅲ.①中学语文课—教学研究—高中 Ⅳ.①G633.302

中国版本图书馆 CIP 数据核字（2019）第 113685 号

"金陵文脉"行与思
"JINLING WENMAI" XING YU SI

主　　编：胡云信

责任编辑：许　怡　　　　　　　责任校对：刘浩平
封面设计：中联华文　　　　　　责任印制：曹　净

出版发行：光明日报出版社

地　　址：北京市西城区永安路 106 号，100050

电　　话：010 - 63169890（咨询），010 - 63131930（邮购）

传　　真：010 - 63131930

网　　址：http://book.gmw.cn

E - mail：gmrbcbs@gmw.cn

法律顾问：北京市兰台律师事务所龚柳方律师

印　　刷：三河市华东印刷有限公司

装　　订：三河市华东印刷有限公司

本书如有破损、缺页、装订错误，请与本社联系调换，电话：010 - 63131930

开　　本：170mm × 240mm

字　　数：165 千字　　　　　　　印　　张：12.5

版　　次：2022 年 4 月第 1 版　　印　　次：2022 年 4 月第 1 次印刷

书　　号：ISBN 978 - 7 - 5194 - 5387 - 9

定　　价：58.00 元

《"金陵文脉"行与思》
参加编写人员

丁婷婷　　王　玲　　申　静　　包旭东　　朱从国

何小圣　　江　浩　　刘　伟　　刘　洁　　刘纯晓

李　琼　　李　明　　李秋絮　　孙　英　　沙景雯

张璐玮　　张　菁　　张竞文　　韦旭东　　胡云信

胡石琴　　周春丽　　周文法　　周萌霞　　经卫宏

侯燕红　　罗春梅　　罗　隽　　徐利娟　　徐　艳

徐　媛　　钱　静　　夏仕红　　董月萍　　韩美霞

黄永华　　惠　栋　　薛正红

前　言

毕泳慈

潘天寿先生说："只要文化在，中华民族就不会亡。"中华民族的兴衰充分证明文化在民族生存、发展、强盛过程中所起的特殊作用。传统文化不像化石，化石可以凭借其古老而价值不衰，传统文化只有发展才有持久的生命力，只有传承才有不竭的影响力，只有具备影响社会发展的能力才有持续的生命力。

南京是六朝古都，是历史文化名城。先民的劳作耕耘与繁衍生息，留下了众多的历史遗存；千百年来，众多的仁人志士留下了大量的诗词文章。南京特殊的地理位置和地域特征，让她成为一个山水城林融为一体的城市。

为此，南京市一批骨干青年教师，以自己的文化自觉和语文教育的责任担当，合作开发建设"金陵文脉"课程，如今，这一课程已经在南京市语文教育的园地里生根、开花、结果。

经过历时十年的坚持，"金陵文脉"之树枝繁叶茂。2006 年年底，由建邺高中特级教师、正高级教师胡云信牵头，金陵中学河西分校、南湖高中、上新河中学三所学校的语文教师，精诚合作，编写出版了《金陵古韵》一书，主要收集历代南京的古典诗歌，从南朝民歌到鲁迅诗歌，精要解读，分类整合，图文并茂，2007年由线装书局出版发行。2008年，建邺高中的语文老师在此基础上开发"历代南京诗词选读"选修课程，编写教材，设计方案，搭建支架，组织活动。这一课程在2010年南京市首届普通高中精品校本课程展示评比中荣获一等奖，在全市产生了较大影响，得到了南京市教学研究室的充分肯定。之后，在南京市教研室的牵头下，建邺高中、南师附中、南京一中、中华中学、金陵中学河西分校、十三中、二十九中、南大附中、大厂高中的众多青年骨干教师，合作开发金陵文脉课程。

2015年，建邺高中被评选为南京市"金陵文脉"课程基地。之后，同人们在这个基地里耕耘创造，不断创造出新的成果。

《金陵文脉（读本）》是有创意的选修教材。之所以用"文脉"一词，一是南京的文化发展源远流长，脉络绵延；二是承载金陵文化的文章体裁有一个发展的过程，从民歌到辞赋，从诗歌到词曲，从散文到小说，从小品到戏剧，从文言到白话，都在文章中有所体现。文脉是文学发展之脉，文体演变之脉，文化传承之脉。

课程基地为校际合作开发提供了区域合作的新平台。开发的过程就是学习合作的过程。《金陵文脉（读本）》的校际合作开发，为青年骨干教师提供了一个走出校门交流切磋、合作共享的渠道，为有热情和有志向的青年教师建立了一个学习的共同体，为校际合作、深度教研提供了一个新模式。同时，《金陵文脉（读本）》也大大丰富拓展了选修课的内容与形式。《金陵文脉（读本）》的学习，真正突出对学生语文核心素养的培养，满足学生学习文学、文化的需要，引导学生在学习中品味语言、鉴赏美文、传承文化，形成发展创新的思辨能力。

南京市"金陵文脉"课程基地的建设，不仅有语文教师的参与，也吸引了建邺高中政治组、历史组、艺术组的老师参与其中。他们学习研究南京文化，开发校本课程，实施选修教学，进行反思总结并写出论文。我们为进一步梳理成果，总结经验，形成辐射，将近年来的教学与研究的成果，分成专题，进行出版。这本书共分为"亲近金陵文化""创新解读与设计""优秀案例实录""教学反思论文"四个专题。这本书的出版对我校多样化课程建设必将产生积极的意义和深远的影响。

（作者系南京市建邺高中校长）

目 录
CONTENTS

01

亲近金陵文化

金陵山水的人文印记

一、"翠峰如簇"缀金陵

南京位于长江下游，距长江入海口约 400 千米，西临坦荡辽阔的江淮平原，东接锦绣富饶的江南鱼米之乡。境内山地、丘陵、平原、江河、湖沼纵横交错，素有"钟山龙蟠，石城虎踞"的美誉。

"指点六朝形胜地，唯有青山如碧。"南京地处江苏最大的低山、丘陵区，江苏最主要的三条山脉分布其间：老山山脉呈东北—西南走向，主要分布于江浦县；宁镇山脉呈弧形构造，分布于南京与镇江之间；茅山山脉分布在溧水区东部。

宁镇山脉西翼呈东北—西南走向，分成三支楔入南京市区或切近市区边缘。北支沿江一带有龙潭山、栖霞山、乌龙山、幕府山，这些山沿江一线由断层作用造成，悬崖峭壁，临江而立。特别是幕府山，可以看作城北外围的天然屏障，是江防要地。它的东北段还有一座突出江边、三面环水的石矶，仿佛一只凌江而飞的燕子，人们称石矶为"燕子矶"。这里自古就是南来北往过江的一个渡口。北支诸山向西南延伸为丘陵，与象山、老虎山、狮子山、八字山、清凉山（石头山）等连成一脉。

中支有宝华山、龙王山、灵山、钟山等。钟山屹立在南京城东，平地突起，显得分外高峻。钟山东西长 7000 米、南北宽 3000 米，像一条巨龙蟠结在南京之东。钟山略呈弧形，弧口向南，岩层向南倾斜，抵抗侵蚀力强的石英砾岩和砂岩覆盖在易受侵蚀的紫色页岩之上，起着保护作用。北坡页岩出露，坡度较陡。钟山在阳光照射下，略带紫色，所以又称"紫金山"。南坡现有中山陵、明孝陵、灵谷寺等名胜古迹。这里林木森秀，鸟语花香，形成东郊陵园风景区。钟山第一峰居中，高 448米，称北高峰；第二峰居东，高 350 米，称茅山；第三峰居西，高 248米，称天堡山。其山势巍峨，气象万千。尤其是第三峰迫近南京城郭，为一制高点，是南京攻防战中必争之地。太平天国革命时，曾为防守天京的战略要地，太平军据此筑天堡城，故此得名。钟山西延为富贵山、九华山、鸡笼山、五台山与鼓楼岗等低山丘陵，楔入城内，为横断市区的天然分水线。鸡笼山，明代置司天台，故又名钦天山；清初建北极阁，民国期间设气象台，现为江苏气象台所在地。九华山有保存唐三藏法师顶骨的三藏塔。

南支有汤山、青龙山、黄龙山、大连山，跨秦淮河谷地为方山、祖唐山、牛首山、凤凰山等。汤山以温泉闻名。方山是座死火山，孤立在平地上，像一颗方石印，所以古称"天印山"。祖唐山和牛首山是南郊名胜，祖唐山前有著名的"南唐二陵"，牛首山顶有两峰，东西遥遥相对如"双阙"，山上曾建有弘觉寺，现在山上还保留着一座唐代的砖塔。南宋时金兵南侵，抗金名将岳飞曾在牛首山上修建了古垒并在这里大败金兵，确保了宋室的安全。

"春牛首，秋栖霞"，春天到牛首山踏青，赏桃花，眺望苍翠群山，美景尽收眼底。栖霞山在六朝时就很有名，因盛产摄山草药，又称"摄山"；又因山上虎狼横行，又被称为"虎窟山"。栖霞山上的栖霞寺闻名遐迩，堪称庄严净土，被称为"江南第一丛林"。

城南有一座石子岗地——雨花台，又名"聚宝山"，实为第四纪砾石层，聚集着各种由流水磨圆的光滑的小砾石，包括石英石和玛瑙石等。这些小砾石在风雨后更为玲珑剔透，犹如石中生花一般，这就是著名的"雨花石"。雨花台对南京城来说，也是一个制高点，为历代兵家必争之地。太平天国定都南京后，曾与清兵在此血战多年。辛亥革命军也曾据此与城内清兵交战。1927 年，这里成为国民党反动派长期屠杀爱国志士的刑场。中华人民共和国成立后，党和人民政府在此修建革命烈士陵园，遍植松柏梅花，又布置了石雕烈士群像，供人民凭吊在此牺牲的十万多革命烈士。

清凉山在城西，又名石头山，一千多年前长江还在山下滚滚流过。这里历来是江船登岸的地方，也是驻防南京的战略要地。相传三国时，诸葛亮与吴王孙权在此驻马观察，纵论天下形势时说："钟山龙蟠，石头虎踞，真乃帝王之宅也。"

在清凉山西麓，自虎踞关龙蟠里石头城门到草场门，可以看到城墙逶迤雄峙，石崖耸立，这就是依山而筑的石头城。石头城全长约三千米，中段几块突起的红色水成岩，酷似丑脸，故称"鬼脸城"。南京民间有关鬼脸城的传说很多。相传这块岩石原来犹如刀削一般，光滑如镜。如今在鬼脸城西侧确有一处清亮的池塘，从水面的一侧可以看到鬼脸城的倒影，老南京人俗称之为"鬼脸照镜子"。这一神奇的传说，吸引了无数的中外游人。现石头城遗址已被列为江苏省重点文物保护单位，成为人们踏青觅翠、发思古幽情的好去处。

二、"澄江似练"带南京

南京，有峨峨钟山，又有滚滚长江、悠悠淮水。气势磅礴的长江自西南向东北滔滔而来，贯穿南京，将南京分成江南、江北两大部分。南京境内的长江河段，具有流量大、江面宽、流速慢、沙洲多的特点。著名的秦淮河像玉带一般横贯市内，玄武湖和莫愁湖就像两颗明珠，布列左右。

长江从芜湖以下流过东梁山和西梁山间，向东北方向直奔南京，流过南京附近拐了一个大弯，折向东入海。"天门中断楚江开，碧水东流至此回。"天门就是指东西梁山。在古代，如此浩渺壮阔的长江，确实是南北交通的一大障碍，所以古人说它是"天所以限南北"的"天堑"，是南京外围的一道最大的天然防御工事。

在古代，南京与秦淮河的关系比它与长江的关系更为密切。秦淮河的上游，早就有秣陵、湖熟等聚落发展起来。它的下游便是南京市区的核心所在。提起秦淮河，人们就联想起鳞次栉比、灯火万家的景象。"烟笼寒水月笼沙，夜泊秦淮近酒家。"（唐·杜牧《泊秦淮》）秦淮河早在远古时代就是长江的一条支流，也是南京地区第一大河。秦淮河有两个源头：北源在句容市宝华山南麓，称句容河；南源在溧水县东庐山，称溧水河。南北二源合流于江宁县方山埭西北村。"屈曲秦淮济万家"，一水秦淮，横贯南京腹地，全长110公里，主要支流有16条，蜿蜒曲折，自成水系；流域宽广，除隶属镇江市的句容县外，秦淮河覆盖南京市的六区，分别为鼓楼区、建邺区、秦淮区、雨花台区、江宁区、溧水区。秦淮河两岸自东吴以来一直是繁华的商业区和居民区。历代有许多达官贵人住在秦淮河畔,如东晋时的主要谋士王导和谢安等。尽管隋唐以后,秦淮河畔渐趋衰败,但是,仍有许多文人墨客在这里凭吊吟叹。秦淮河两岸建有不少佛寺,如东晋时的瓦官寺、南朝时的安乐寺等都非常著名。东晋时大画家顾恺之为瓦官寺画了《维摩诘居士像》,雕塑家戴逵父子铸造过五尊铜像;安乐寺里有著名画家张僧繇画的四条白龙,留下了"画龙点睛"的故事。从20世纪80年代开始,南京市政府将内秦淮河及沿岸地区列为南京市重点修建工程,现已再现"河房水阁,桨声灯影"的古秦淮风貌。目前"秦淮风光带"已初具规模,吸引了众多中外游客。

(徐艳　徐媛)

"金陵文脉"律动古今

一、"烟水江南"由来

《儒林外史》第二十九回写了一个浪漫的故事。

天长才子杜慎卿过江来南京，同友人徜徉雨花台岗上。"坐了半日，日色已经西斜，只见两个挑粪桶的，挑了两担空桶，歇在山上。这一个拍那一个肩头道：'兄弟，今日的货已经卖完，我和你到永宁泉吃一壶茶，回来再到雨花台看落照。'杜慎卿笑道：'真乃菜佣酒保，都有六朝烟水气，一点也不差。'"

这就是吴敬梓时代南京人的活法！

东吴、东晋、宋、齐、梁、陈都定都南京，南京成为当时全国的经济、文化和艺术中心，六朝时期最著名的文学艺术作品都是在南京完成的，比如刘义庆的《世说新语》，梁太子萧统编的《昭明文选》。历史上的南唐建都南京，明朝开国皇帝朱元璋定都南京，南京又获得了繁荣和发展。在这样的历史文化积累下，南京的城市文化、居民的思想文化水平和生活方式自然会与他处不同。

"烟水"代表了南京秀丽的自然风貌和风雅浪漫的诗意氛围，清新优美，而又充满人文气息。试想，哪怕是卖菜小贩、酒店服务员、挑粪工这样社会底层的人，工作之余都去品茶、散步、赏夕阳，那么这个城市该美丽、文明、诗意、浪漫到什么地步！

"江南"，字面上的含义为江的南面。在宋代之后，江南往往代表着繁荣发达的文化教育中心和美丽富庶的水乡，区域大致划分为长江中下游南岸的地区。江南，也是精神意识层面上的一种文化符号，它代表了中国人对美好生活的无限向往与希望。江南文化是一种相对独立的区域文化，其丰厚的内蕴涉及社会学、历史学、经济学等诸多人文领域，包含多重的语义空间。江南文化的本质是一种诗性文化，是一种充满了诗意和想象的文学资源。古往今来"能不忆江南"的喟叹和感慨伴随了无数文人墨客的精神之旅。

学校是有文化的地方，借助于"六朝烟水气"中的"烟水"二字，而以"烟水江南"命名，不仅融注了历史意义，也融注了地理意义，更融注了文学意义、文化意义。"烟水江南"是给建邺高中语文自主课程献上的一个名号。

二、"金陵文脉"概说

脉是指分布在人和动物周身内的血管，指事物如血管连贯有条理者。山脉是沿一定方向延伸，包括若干山岭和山谷组成的山体，因像脉状而称之为山脉。文脉，是文章的线索；文脉，也是城市记忆的延续。从狭义上解释即"一种文化的脉络"。"金陵文脉"既然是我们语文老师先来开发的课程，那么我们就从"语言文学"（兼及文化）的角度切入。

就全国而言，中国东部的山水是有文化的山水，中国西部的山水是自然的山水。南京是一块风水宝地，至今没地震过，台风轻易也吹不到南京，这个风水按照现代语境就叫环境选择。南京作为一座文化城市，在军事上常是被征服，建立的"王朝"是短命的，但文化上是反征服的。在南京这片土地上产生的诗文浩如烟海，其中最伟大的作品是《红楼梦》。

唐人刘禹锡有诗《石头城》："山围故国周遭在，潮打空城寂寞回。淮水东边旧时月，夜深还过女墙来。"故国、空城，这是南京特有的味道。淮水就是秦淮河。金陵文脉，可以从南京的母亲河——秦淮河开始讲，也可以从范蠡所筑造的越城开始讲。

南京有内秦淮河、外秦淮河、秦淮新河，还将开挖秦淮东河。南京外秦淮河西南角的河南岸是南京城最早形成城池的"越城"所在地。南京这座城市的创建者是陶朱公范蠡，他帮助越王勾践在公元前473年灭了吴国，第二年，范蠡带领越国士兵在南京的秦淮河畔筑起了越城，也叫范蠡城，这是南京第一座具有军事和防御意义的城池。古都南京建城史便是由此开始计算，距今2500多年了。

《越台颂》：昔者大禹治水，天下九分兮地属维扬；伯雍让贤，武王封疆兮域划江南。吴越争雄，勾践称霸，范蠡筑城，阙有斯台。两千余载兮，都市之肇始；十朝盛衰兮，悲欢之演绎。龙盘虎踞兮，赖天工之钟毓；凤鸣莺啼兮，集人文之灵光。儒林典籍，汗牛充栋；诗坛锦绣，灿若霓虹。长干一曲兮诉乡情，桨声灯影兮寻旧梦。君莫叹，但看轻烟笼寒水，惟闻往事不堪哀。君不见，古人欲乘长风兮破巨浪，今朝天翻地覆兮慨而慷。

因作颂曰：千古江山金陵名都，水陆要冲南北扼枢；厚德载物文贯古今，秦淮风华历史底蕴；人间沧桑斗转星移，盛世昌吉斯台可期。

南京的文化名片很多，有雨花石，有盐水鸭，还有民国时期的文化，但大家觉得最具代表性的还是六朝文化。金陵中学河西分校的课程里有个"西河雅集"，首先展示的就是南京的雨花石。

南京大学历史系教授、博士生导师，南京六朝博物馆馆长胡阿祥说过这么一件事，现在很多人，包括一些南京人，都说不清到底是哪六朝在南京建都。南京六朝博物馆在 2014 年青奥会前开馆，很多游客就问："馆长，你们这里为什么没有朱元璋啊？"胡教授就告诉他们："朱元璋那时候还没出生呢，六朝结束于公元 589 年，而朱元璋生活在公元 1328 年以后。"

范蠡建城近 700 年后，东吴大帝孙权首开南京建都史。公元 211 年，孙权把政治中心从京口，也就是今天的镇江，迁至秣陵，212 年改秣陵为建业。虽然孙权 229 年才称帝，但从 212 年开始，南京就已经成为孙吴事实上的首都，吴国也是六朝的第一个朝代。

比较南北，军事上北胜南，而文化上南胜北。这是很有意思的现象，也是人类社会的普遍规律。文明程度呈递进的狩猎民族、游牧民族、农耕民族，军事方面是前者胜过后者，文化方面则是后者征服前者。也就是说，军事上的征服者总是文化上的被征服者，你打败了我，占领了我的地方，但多少年后，文化上你却被我征服，你消失了，我壮大了。回望六朝，可以说南京的伟大源于文化的传承。

两晋南北朝的时候，北方被五胡十六国占领，草原民族刚刚入主中原，对农业文明有破坏，他们觉得诗书礼乐是没有用的东西，南京就成了传统文化的避难所，这个过程被称作"衣冠南渡"，华夏传统的农耕文化在南京保存下来了，等到北方少数民族政权感到也要按照汉人农业制度来运作的时候，南京就提供了一个样板。

因为南京繁华和衰落的对比太强烈，南京在古代文学中的味道总是有那么一股沧桑和悲情，所以南京特别能产生怀古文学，甚至中国怀古文学的巅峰就在南京。

比如在众多的唐人怀古诗词中，除了刘禹锡的两首诗，还有韦庄的《台城》："江雨霏霏江草齐，六朝如梦鸟空啼。无情最是台城柳，依旧烟笼十里堤。"杜牧的《泊秦淮》："烟笼寒水月笼沙，夜泊秦淮近酒家。商女不知亡国恨，隔江犹唱后庭花。"李白的《登金陵凤凰台》："凤凰台上凤凰游，凤去台空江自流。吴宫花草埋幽径，晋代衣冠成古丘。三山半落青天外，二水中分白鹭洲。总为浮云能蔽日，长安不见使人愁。"一直到清朝孔尚任写的《桃花扇》，都是那种沧桑味道。就像朱自清所写的那样："逛南京像逛古董铺子，到处都是一些时代侵蚀的遗痕，你可以摩挲，可以凭吊，可以悠然遐想；想到六朝的兴废，王谢的风流，秦淮的艳妓。"

在中国的古都中，无论是城市的具象，还是文学的意象，最为起伏沧桑的悲情古都，就是南京。精神的南京属于六朝，那是一种洒脱；文学的南京属于唐朝和南唐，那是一种深刻；物质的南京属于明朝，那是一种天人合一；建筑的南京属于民国，那是一种中西合璧；而今天的南京，是山水城林的南京、自然与人文交融的南京、最美最宜居的南京……

三、"金陵文脉"律动古今

语文学习不接"地气"不行。过去的孩子总在上学路上、放学路上，经历许多事情；现在孩子上学坐在车里，可以说是从一个"笼子"（房间）经由一个活动的"笼子"（车）转运到另一个"笼子"（教室）。要他们不胡编乱造做"神文"，也真难为他们了。"金陵文脉"课程的开发使用，是要影响师生的生活方式，显示师生的生活状态。它给我们带来的就是一种学法、一种教法、一种生活方法。

杜牧有诗云："大抵南朝皆旷达，可怜东晋最风流。"旷达、风流是那个时代的文化底色，在今天物质至上的时代，我们语文教师更应该擦亮这种文化底色。试想，那个时代哪怕是卖菜小贩、酒店服务员、挑粪工这样社会底层的人，工作之余都去品茶、散步、赏夕阳，那么这个城市该美丽、文明、诗意、浪漫到什么地步！我们在南京做语文老师的人又怎能宅在办公室里、宅在教室里、宅在孩子们的作文本和试卷里？我们在南京做老师的人又怎能让生长在南京的孩子宅在学校、宅在家中，淹没在题海里？我们要带孩子出来放放风，出来看看蓝天白云，在台城上看看柳、读读书；在玄武湖边想想年轻太子萧统读书的情形，读读他编的《昭明文选》里的文章；到凤凰台上背一背李白的《登金陵凤凰台》。让金陵文脉律动古今，应该成为我们应有的生活状态、文化自觉和责任担当。

（朱从国 何小圣）

丰富的南京传统节俗

民风民俗是特定时代社会经济文化在百姓生活中的诗意反映,隐含人们对美好的向往,对自然和先民的敬重,是人们寄寓真善美的精神家园。传统的民风民俗是我们心灵的港湾,是我们特有的生命肤色;亲切的乡音,熟知的风习,传统节令的无声召唤,让我们心中充满温馨和幸福。"几多民俗熙熙乐,似到老聃台上来。"(宋代毕京《和范公希文怀庆朔堂》)

俗话说:千里不同风,百里不同俗。南京是六朝古都,十代都会,南北交往频繁,自古"天下财富出于东南,而金陵为其会",各地的民情风俗也在这里交融。"南风北俗萃于一城",使南京的民俗与祖国各地的民俗,既同中有异,也异中有同,有的则是兴起于南京而推向全国。南京的民风民俗中透露出几分儒雅之气,豪杰之风,斯文秀美,元朗冲融。

让我们沐浴在南京节令民俗的和风细雨中。

春节

以前称元旦，俗称过年。南京人过年要洒扫庭除，张灯结彩，穿新衣，戴新帽，贴春联，放鞭炮。每一项活动都有美好的寓意。

南京人过年大门上贴春联或门神，还有文人雅士在大门上贴一幅画鸡，取"鸡日相长"之意。这是他处所没有的。初一早上必饮屠苏酒。宋朝王安石在诗中咏道："爆竹声中一岁除，春风送暖入屠苏。"此俗始于南朝，千百年来，南京人一直饮用屠苏酒，而且形成一套规制：日升之时，面向东方"自少至长次第饮之"，取旭日东升，蒸蒸日上之意。上午起，亲友至，拜新年。在客人到来时，主人双手合揖，并以茶点相待，还献两枚元宝蛋，称"进元宝"。现在，人们过年互祝"恭喜发财"，敬递茶烟和时尚糕点。

古时，人们过年不是贴对联，而是用两块桃木板画上神荼、郁垒位二门神置大门两侧，叫"桃符"，目的是驱鬼辟邪。五代时，后蜀君主孟昶曾提倡写联语代替画门神像，他自己提笔续写一联"新年纳余庆，嘉节号长春"，贴在桃木板上。可是后蜀不久被灭，此法没能传播开来。直至明初，朱元璋定都金陵，除夕时传下旨意"公卿士庶家，门上须加春联一副"，并亲自为开国功臣徐达题联。有一次朱元璋一时兴起，还为劁猪匠题了一联"双手劈开生死路，一刀割断是非根"。春联从此广为流传，成为我国传统文化中亮丽的一笔。

元宵灯会

正月十五是农历一年中第一个月圆之夜，称"元夜"，"夜"与"宵"同义，便称"元宵"。元宵节最初由祭祀而起，渐渐演变为隆重热烈、异彩纷呈的娱乐节庆。古时为一日；唐代为正月十六至正月十八日，三日；宋代为正月十四至正月十八日，五日；明代朱元璋在南京做皇帝，把元宵节一下延长为十日，即正月初八至正月十七日，正月十八日落灯。食品也由食豆粥，改为品尝元宵（汤圆），南京有"上灯元宵落灯面，正月十五过小年"之俗。

明清两代，南京元宵灯会，有玩龙灯和挂纱灯之俗。玩龙灯不但老百姓玩，军人也玩，长度也为他处所不及，短的十余丈，长的百余节，玩起来多则上百人。纱灯有楮练、纱帛，而且有名人在上面作画，越是高手价值越高。商家届时也在店前举办猜灯谜活动，吸引众多游客，猜中者即奖所售物品。有一种由南京人首创的"走马灯"，外罩灯笼，内点蜡烛，利用空气热胀上升的原理，带动灯面转动，灯面上画着各种姿势的骏马疾驰，宛如万马奔腾。英国学者李约瑟称之为中国古代人的一项发明。龙灯气势磅礴，纱灯精美绝伦、五光十色、万象争辉，引得长居逗客倾城出，欢歌笑语动地来，"银烛影中明月下，相逢俱是踏灯人"。近几十年来，夫子庙元宵灯会越办越红火，利用新工艺、新材料，声光电控，五花八门，惟妙惟肖，斑斓夺目。灯会自春节起，为期一月。其间，每天吸引四方游客达二三十万人之多。

清明踏青

清明节自古以来由于注入扫墓祭祖的习俗，受到历代朝廷和民间的重视。民间届时上坟祭扫、祭洒、烧纸、挖盖坟帽、插柳以表达慎修追远的情思，并带茶点到看坟地者门上看望，看坟者亦留食茶饭，互称"坟亲家"。此时正值春光明媚，男女借以到郊外牛首山、雨花台、梅花山"携酒游山，谓之踏青"。有谚云"春牛首"，说的便是此种情况。

近年牛首山又经修葺增设景点，并与附近新开发的将军山连成一线，成为游人观赏郊野自然风光的绝佳之处。此外，城南雨花台、东郊梅花山也是游人常到之处。近十多年来，梅花山造万亩梅园，还举办国际梅花节。每到春晖融融，万花争放，云蒸霞蔚，暗香浮动，男女摩肩接踵，陶醉在香雪海之中而流连忘返。

端午节游秦淮

夏历五月初五叫端午，又称端阳。这一天，南京人最喜吃粽子、绿豆糕，以及食"炒五毒"（用银鱼、虾米、茭菜、韭菜、黑干杂炒）、苋菜和雄黄豆。饮雄黄菖蒲酒，以求免灾。用经过曝晒的水洗眼，谓之"破火眼"，说可免一年眼疾。用菖蒲、艾叶蘸水洒地而后插门楣，用以"禳灾"。悬挂钟馗图像及方士刻印的五毒（蟾蜍、毒蛇、蝎子、蜈蜒、壁虎）形图，"驱鬼避邪"。儿童颈项挂五色丝络，络中装咸鸭蛋；臂系五色丝挽成的丝绦，叫"长命缕"，穿虎头鞋，背虎头披，用雄黄酒在额上画王字。妇女鬓也插五彩老虎花。

午饭后，全家人去夫子庙观看秦淮河龙舟竞渡。金陵龙舟向有"三帮"，即河帮、江帮、木帮。龙舟之多，规模之大，别处也不多见。各船均饰以彩筝，有少儿扮戏中人物在船上做种种游戏。当舟过之时，河岸人家掷银角、铜钱或放鹅鸭，为龙舟竞取之以为乐，谓之"夺标"。岸边男女蚁集，罗绮如云，金鼓齐鸣，欢声雷动。富庶人家还事先订租游船，泛舟览胜。秦淮游船自唐朝兴起，明清直至民国前期为盛。画船箫鼓，桨声灯影是秦淮河上一道斑斓夺目的亮丽风光。这在顾起元《客座赘语》、孔尚任《桃花扇》和余怀《板桥杂记》中均有生动记述。近20年来，秦淮河又进行了大力整治，定期换水，增添画舫。入夜，秦淮两岸万家灯火，五光十色，流光溢彩，景色宜人。游人置身游船中，船在景中过，人在画中行，自有别样情趣。

中秋圆月摸秋

八月十五中秋节，江南又称八月节。是夜，天上月圆，人间圆月，南京人即使身在外地也要赶回家团聚。南京人喜合家赏月，叫"庆团圆"；团坐聚饮称"圆月"；出游街市，称"走月"。明初，有望月楼、玩月桥，清代狮子山下有朝月楼，皆为游人赏月之所，而以游玩月桥为最盛。玩月桥在夫子庙秦淮河南，为旧院所在地。桥旁为名妓马湘兰宅第。中秋夜士子聚集桥头笙箫弹唱，对月赋诗，故称此桥为玩月桥。明亡后，逐渐衰落，后人有诗云："风流南曲已烟消，剩得西风长板桥。却忆玉人桥上坐，月明相对教吹箫。""长板桥"，即原玩月桥。

清以后，赏月之风仍盛，人们祭月，陈列鲜果、月饼，燃放斗香（扎香如塔式，上加纸斗，叫斗香），讲《嫦娥奔月》故事，然后分食月饼。月饼以瓜埠"赖月"为好，民国时期以"金陵套饼"为上乘。

此夜，南京女子有摸秋之俗，到茉莉园"摸"（以"偷摘"瓜果取乐）得瓜豆者宜男，此游戏盛传已久。近 20 年来，人们又重视中秋节，或登台城赏月，或去玄武湖、秦淮河划船赏月。自购或单位赠发月饼也颇为盛行，圆月之夜情意融融。

重阳登高会

夏历九月初九日，因月日皆为阳数，故称重阳。历史上建康（今南京）人在这一天都外出登高，形成"登高会"。此俗源于一个古怪离奇的避邪传说，南朝梁人吴均写的《续齐谐记》中有详述。从魏晋南北朝及至明清，建康重阳风俗犹盛。当时城南登雨花台，城中登北极阁，城北登幕府山，尤以幕府山为最著。此山汉时建有一亭，晋元帝渡江传说"马化为龙"，遂命此亭为"化龙亭"；山侧有梁达摩古洞，游者甚众，形成"幕府登高"之俗。清嘉庆十年（1805），胡兰川太守（江宁知府）等府县官员和社会知名人士发起，由制军、抚军主其事在山上建"望江楼"。长夜明灯，既为导航灯塔，又可观览胜景，被远近百姓誉为善事。

重阳节，南京人喜食重阳糕，"或粉或面为之，又用面裹肉炊之，称'骆驼蹄'"，饮菊酒，赏菊花，制重阳旗赏给儿女；如此日嫁女必送旗及时鲜礼盒，谓"重阳节盒"。

如今人们逢重阳也欣然登高，但不为避邪，而是欣赏祖国壮丽河山及建设新貌，喜悦之感油然而生。

（张菁　刘洁）

琳琅满目的金陵文学

她是一方形胜之地，兼备山水城林之妙；她是一座历史名城，萦绕着沧桑历史之感；她是一座文明之城，哺育了世世代代纯朴、博爱、智慧的南京人民；她还是一方文学百花园，无处不流淌着古今文人墨客的遐想情思。

在中国历史文化的辽阔版图上，巍巍金陵是一座晶莹璀璨的诗意之城，也是一座蕴藏丰厚的文学之都。千百年来，无数骚人墨客在这里抒怀吟唱，在这里挥洒心血和汗水，同开垦这片热土、建设美丽家园的人民群众一道，创造出属于自己城市的多彩诗词和文学瑰宝，并赋予她无愧于中华民族、跻身于世界历史文化名城之林的雍容大度与独特神韵——这是当代南京人引以为傲、最为宝贵的"非物质形态的文化遗产"与"精神能源"，理当倾心尽力地学习和汲取、呵护和继承、开发和利用、发扬和光大，因为它内蕴和寄托着我们城市须臾不可或缺的灵魂，它培育和造就了南京源远流长的过去和朝气蓬勃的今天，也必将昭示和开启她更加美好、更加辉煌的未来。

南京在先秦时文学如何，因缺乏记载，不得而知。直到战国末期，其地属东楚，因而为楚文学（楚辞）所笼罩。西汉初年，其北枚乘父子，其东严忌父子等显然受楚辞影响。

南京文学显著于世，从三国东吴以后，孙吴末期，陆机、陆云兄弟均起于吴中。陆机为当时最著名的诗人之一，其二十岁时所作的《文赋》是中国最重要的文学理论著作之一。

千百年来，诗人和诗歌为承载南京历史文化、记录古都兴衰、表现风俗民情和"陶冶"世道人心，立下了不朽的功勋。《桃花扇》的作者孔尚任在今朝天宫附近，吟哦《冶城山北望》，盛赞旧京胜景，却流露出对帝王霸业的轻蔑。清代重要画派"扬州八怪"之首的郑板桥，以诗笔记录《念奴娇 长干里》的百姓生计与市井图画，十分难得地将"南京云锦"这个"中华奇葩、金陵绝艺"写入诗中，并以手工作坊内劳动者"单衫布褐不遮身"的触目贫困，反衬"金凤银龙供天子，花样新添一线云"的富贵奢华，不无辛辣地触及当时已日益尖锐的社会矛盾。被鲁迅称为"中国第一部讽刺小说"的作者吴敬梓和近代著名思想家、最早"睁眼看世界"的《海国图志》的作者魏源，都曾长年客居金陵，也对他们喜爱的古都山水寄兴抒怀。晚清诗人赵函在他义愤填膺的长诗《哀金陵》中，记录了英国炮舰对古老中国的"野蛮访问"，将披着文明外衣、气焰嚣张的西洋海盗和"主和不主战"、丑态毕露的"大府"要员们的嘴脸，都刻画得活灵活现。我国现代文学的奠基人、新文化运动旗手鲁迅，曾在南京求学四年，对金陵古都怀有特殊的感情。他留下不多的诗作中，以含蓄深沉的曲笔，谴责和讥刺国民党统治下的黑暗现实，并以"愿乞画家新匠意，只研朱墨画春山"明志。"天若有情天亦老，人间正道是沧桑"，1949年春天，诗人毛泽东以一首激昂的七律，咏唱了中国历史上一个翻天覆地的时刻。铿锵的韵律、深刻的寓意，应和着钟山风雨和如云帆叶，在历尽沧桑的千秋诗坛上发出了气壮山河的强音。

当然，除了传统诗词这种主要的文学样式外，千百年来，其他文体的名篇佳作，也如彩云和江花一般纷呈于金陵文坛，同样"功不可没"。

最早描写金陵的文人创作，是"赋"这种介乎诗与文之间的特殊文体。晋代文学家左思"构思十年"才完成的传世之作《三都赋》，当时影响极大，人们争相传抄，"洛阳为之纸贵"。其中的《吴都赋》，全景式地描绘三国时代吴都建邺（南京）的人文、山川形胜、宫殿楼台及市井风貌，留下了关于金陵城市建设的第一份"文学档案"，让今天的人们对六朝时期的南京有了比较具体的了解。梁代文学家庾信的《哀江南赋》，写于"大盗移国，金陵瓦解"的侯景之乱后，生动感人地表现了作者在旧朝败亡、丧乱流离中的去故之悲，同样对后世诗文产生了深远影响。

除了以上两篇名赋一喜一悲地咏叹金陵，唐代王棨的《江南春赋》也是一篇涉及六朝故都的美文，作者借写江南春色之娇，笔致落实在金陵故地的历史兴衰上，婉约含讽，妍媚有骨。诗和赋之外，表现金陵风物最多，也最详尽的文体，是历代散文和笔记小品。

明初大学士宋濂，奉朱元璋之命为拟议中决定兴建的阅江楼写记，楼未建成，可这篇《阅江楼记》却被后人收入了《古文观止》。明代散文家张岱的《柳敬亭说书》，也是一篇奇文。它记录了明末秦淮书场中的名角柳敬亭说书的生动情景，文字清奇，文情优美，犹如一段精彩的"文字录像"，让我们身临其境，闻其声、见其人。清人笔记中，写南京人物故事、风景名胜的，也有不少名家名篇。这里仅举两例：提倡"性灵说"的诗文大家袁枚在《随园记》中充分表现了他酷爱自然、不受羁绊的天性，其文堪称描写山水园林的精品；桐城派后期重要作家管同的《扫叶楼记》，结构严谨，环环相扣，以"奇境即在半里外"，揭示了日常生活中被人忽视的真理。"五四"以后，白话散文逐步取代了文言散文。20世纪20年代，两位年轻的新诗人朱自清和俞平伯所写的同题散文《桨声灯影里的秦淮河》，流传甚广，尤其是朱自清的散文，被论者称为"现代美文的典范"。40年代，新诗人郭沫若所写的《梅园新村之行》也由于题材的特殊和题旨的深刻，为人所传诵。

最后，要说到小说和戏剧作品中对于金陵历史人文的表现了。在诗词部分中，我们曾提及孔尚任、吴敬梓写南京的诗作，他们的戏剧和小说名著《桃花扇》和《儒林外史》均以南京为故事的主要发生地，主人公也多是长期生活或漂泊在秦淮河边的人物。在他们栩栩如生的笔下，我们不仅看到南京发生的历史故事和生活场景，更多的还有关于"南京人"的形形色色。

没有任何一部文艺作品，能同《红楼梦》这部标志着我国古典文学最高成就的长篇小说相比肩。它"百科全书式"地反映了康乾盛世"金陵四大家族"的兴衰史，塑造了贾宝玉、林黛玉这两个生长在18世纪金陵贵族之家、从爱情悲剧中萌生叛逆精神的青年男女。作者曹雪芹出生于南京，据红学家考证，作者为贾宝玉设计的口含"通灵宝玉"从母腹中降生，是从彩色斑斓的雨花石上得到的启发。不管此说是否确实，我们说古都金陵的历史文化和江宁织造府的生活背景，为小说家的创作提供了最丰富的养料。他的智慧和天才也"回报"给南京的千年文学宝库以最耀眼的辉煌，这样的评价则是一点也不过分的。

（李秋絮　张竞文）

余怀与《板桥杂记》

余怀是明末清初的一位知识分子。能诗，精文史，学问渊博，且重气节。福建莆田人，寄居南京。少年时，刻苦求学，博览群书，却不料在应试时落第，为此，他大为沮丧，以致大病数月！不过，对他打击更大的还是清人的入主中原，江山沦落，崇祯皇帝自缢身亡！每念及此，他都要伤怀落泪！不久，他参加了复社的抗清活动，作为一介书生投笔从戎，冒死参加了武装斗争，实在是太不容易了！后来，清兵攻陷南京，他家产积蓄遭劫，妻子因受惊吓而亡。他就是在这时参加抗清活动过着居无定所长达十年之久的流离生活。

陈寅恪先生在《柳如是别传》中根据他的行状与人事交往等，推断他"必为复明运动中之一人"。余怀的著作甚多：上海古籍出版社前几年出版《余怀全集》，收《余子说史》《东山谈苑》等著作达十多种，并大量收集余怀诗词文作品。但可惜的是编者李金堂先生限于条件一时不能搜得更多散佚的作品。幸好其重要作品《板桥杂记》尚存，此书主要追记了秦淮河畔一些风尘女子（如李香君等）和一些文人的爱国情怀与逸闻逸事。他们身处底层，虽位卑而不忘国难，表现出一种高洁情怀。这是一部寄托兴亡哀思，缅怀故园，凭吊先朝故土风物的伤逝怀旧之作，故甚具纪念价值，为传世之作。《板桥杂记》一书的重要意义还在于留下了明代社会生活的状况，是了解那个时代人文、生活、风俗、思想的可贵切入口。附带说一下，板桥是指秦淮歌妓聚居处。

《板桥杂记》作于康熙三十二年（1693），是记载狭邪之事的一本笔记体小说，共分3卷，上卷"雅游"，中卷"丽品"，下卷"轶事"。其自序曾阐述了早年间狭邪、艳冶之事，认为："鼎革以来，时移物换。十年旧梦，依约扬州。一片欢场，鞠为茂草。红牙碧串，妙舞清歌，不可得而闻也；洞房绮流，湘帘绣幕，不可得而见也；名花瑶草，锦瑟犀毗，不可得而赏也。间亦过之，蒿藜满眼，楼馆劫灰，美人尘土，盛衰感慨，岂复有过此者乎！"因此，极力渲染当年的繁华以对照今日的凄凉，是这本笔记在写作上的特点。

上卷"雅游"，主要描写明末清初金陵秦淮河畔的梨园，秦淮河灯船，妓院和江南贡院。中卷"丽品"，主要描写包括尹春、李十娘、顾媚、董小宛、李香君、寇媚等秦淮群艳。下卷"佚事"，侧重描写金陵、瓜洲、嘉兴等地方的逸事。鲁迅在《中国小说史略》中写道："唐人登科之后，多作冶游，习俗相沿，以为佳话……自明至清，作者尤伙，清余怀之《板桥杂记》尤有名。"

《板桥杂记》记十里秦淮南岸的旧院，记风俗，记逸事，记过往岁月中的金沙银屑。旧院的长板桥附近，"一带妆楼临水盖，家家分影照婵娟"。尽管当时明朝风雨飘摇，二百余年的大业接近了尾声，大厦将倾却无碍南都的声色犬马、畸形繁华，文酒笙歌也于此时达到鼎盛。《板桥杂记》沉痛的兴亡之感，已经超越了对旧日裙屐笙歌、繁华往事的缠绵追忆，因此也超越了"狭邪之是述，艳冶之是传"的《北里志》这样一流的作品，而成了永世流传的杰作。

（徐利娟　夏仕红）

《世说新语》 堪称最早的微博体

一年又一年，雕栏变朱颜。蓦然回首，过去的一年你读了几本书？看的是电子书还是纸质书？对此，现代快报记者曾有过报道，2014年度江苏省居民阅读状况调查数据新鲜出炉：去年江苏成年居民人均纸质图书和电子书合计阅读量为8.02本，较2013年的7.01本高出1.01本，比全国平均水平高出0.24本。为什么江苏人这么爱读书呢？这是有传统的，江苏特别是南京在历史上就是文化繁荣之地。

你或许想不到，曾经有1万多部耳熟能详的名著诞生于南京或者与南京有关，其中赫赫有名的"二十四史"就有6部诞生于南京。究竟哪些书能代表南京呢？在"江苏全民阅读日"暨每一届的"南京读书节"，南京都会启动"传世名著"评选等系列活动，将采用大众"点赞"与专家推荐相结合的形式，从50部备选作品中评选出24部传世名著。

从以往的评选活动来看，评选活动首先通过专家、学者的加盟和引领，从1万多部南京传世作品中筛选出50部曾经影响南京乃至中国的传世名著，其中包括33部"南京贡献给世界的作品"和17部"将南京展现给世界的作品"。

评选活动的参评图书，仅限于南京古代、近代和现代出版的图书，当代（1949年以后）出版的图书不参加评选；同时，参评图书必须是以南京为题材的图书，如《红楼梦》；或者在南京首次编著的图书，如《永乐大典》；或者在南京首次出版（刻印）的图书，如《本草纲目》等。

本活动还会对精选出来的50部传世名著备选书目进行逐个论证，在这些传世名著的创作地、出版（首刻）地，或者传世名著的作者曾经生活过、工作过的地方，竖立标志碑。此举在全国尚属首创。相关人士透露，据粗略统计，大约有30部作品可以找到诞生地、创作地或者出版地等。比如《永乐大典》标志碑拟竖立在南京市北京东路市政府大院。

其中，《世说新语》是由南朝刘宋宗室刘义庆组织一批文人在南京编写的书，主要记述汉末、三国、两晋士族阶层逸闻逸事的笔记小说。其主要记载有关人物评论、清谈玄言和机智应对的故事。

这本书的推荐人是复旦大学图书馆馆长葛剑雄教授，他认为"此书必读，若非有求知或研究的具体目的，此书最宜任意阅读，不必全读或按次序读，可不求甚解，随心所欲，心领神会，其乐无穷"。

用不超过140个字的篇幅来发一条微博，这是我们熟悉的微博体，可读了《世说新语》后，你会突然发现，这不就是中国一千多年前的微博吗？跟我们相比，古人玩微博早就到了驾轻就熟、炉火纯青的程度。

《世说新语》是中国魏晋南北朝时期"笔记小说"的代表作，是我国最早的一部文言志人小说集。它原本有八卷，遗失后只剩三卷。

《世说新语》又称《世说》《世说新书》，卷帙门类亦有不同。因为汉代刘向曾经著《世说》（原书亡佚），后人将此书与刘向所著相别，又取名《世说新书》，大约宋代以后才改称。《世说新语》依内容可分为"德行""言语""政事""文学""方正"等三十六类（分上、中、下三卷），每类有若干则故事，全书共有一千二百多则，每则文字长短不一，有的数行，有的三言两语，由此可见笔记小说"随手而记"的诉求及特性。其内容主要是记载东汉后期到晋宋间一些名士的言行与逸事。书中所载均属历史上真实存在的人物，但他们的言论或故事则有一部分出于传闻，不尽符合史实。此书中相当多的篇幅杂采众书而成。如《规箴》《贤媛》等篇所载个别西汉人物的故事，采自《史记》和《汉书》。其他部分也多采自前人的记载。

在《世说新语》的3卷36门中，上卷4门——德行、言语、政事、文学，中卷9门——方正、雅量、识鉴、赏誉、品藻、规箴、捷悟、夙惠、豪爽，这13门都是正面的褒扬；下卷23门——容止、自新、企羡、伤逝、栖逸、贤媛、术解、巧艺、宠礼、任诞、简傲、排调、轻诋、假谲、黜免、俭啬、汰侈、忿狷、谗险、尤悔、纰漏、惑溺、仇隙。

从《世说新语》及相关材料的魏晋士人的言行故事中，我们可以看到，魏晋时期玄谈成为风尚。而玄学正是以道家老庄思想为根底的，道家思想对魏晋士人的思维方式和生活方式，乃至整个社会风气都产生了重要影响。

艺术成就

《世说新语》及刘孝标注涉及各类人物共 1500 多个，魏晋两朝主要的人物，无论帝王、将相，或者隐士、僧侣，都包括在内。它对人物的描写有的重在形貌，有的重在才学，有的重在心理，但集中到一点，就是重在表现人物的特点，通过独特的言谈举止写出了独特人物的独特性格，使之气韵生动、活灵活现、跃然纸上。

《世说新语》的语言精练含蓄，隽永传神。明代胡应麟说："读其语言，晋人面目气韵，恍然生动，而简约玄澹，真致不穷。"可谓确评。有许多广泛应用的成语便是出自此书，如难兄难弟、拾人牙慧、咄咄怪事、一往情深、卿卿我我，等等。

此外，《世说新语》善用对照、比喻、夸张与描绘的文学技巧，这不仅使它保留下许多脍炙人口的佳言名句，更为全书增添了无限光彩。如今，《世说新语》除了文学欣赏的价值外，人物事迹、文学典故等也多为后世作者所取材、引用，对后来的小说发展影响尤其大。

后世评价

敬胤："《世说》苟欲爱奇而不详事理。"

刘知几："晋世杂书，谅非一族，若《语林》《世说》《幽明录》《搜神记》之徒，其所载或诙谐小辩，或神鬼怪物。其事非圣，扬雄所不观；其言乱神，宣尼所不语。皇朝新撰晋史，多采以为书。夫以干、邓之所粪除，王、虞之所糠秕，持为逸史，用补前传，此何异魏朝之撰《皇览》，梁世之修《遍略》，务多为美，聚博为功，虽取说于小人，终见嗤于君子矣。"

刘孝标："《世说》虚也，疑《世说》穿凿也。"

鲁迅曾称赞《世说新语》，"记言则玄远冷隽，记行则高简瑰奇"。鲁迅还称《世说新语》为"一部名士底（的）教科书"。

附：《世说新语》选读

王恭从会稽还，王大看之。见其坐六尺簟，因语恭："卿东来，故应有此物，可以一领及我。"恭无言。大去后，即举所坐者送之。既无余席，便坐荐上。后，大闻之，甚惊，曰："吾本谓卿多，故求耳。"对曰："丈人不悉恭，恭作人无长物。"（《世说新语·德行篇》第44则）

管宁、华歆共园中锄菜，见地有片金，管挥锄与瓦石不异，华捉而掷去之。又尝同席读书，有乘轩冕过门者，宁读如故，歆废书出看。宁割席分坐，曰："子非吾友也。"（《世说新语·德行篇》第11则）

王右军与谢太傅共登冶城。谢悠然远想，有高世之志。王谓谢曰："夏禹勤王，手足胼胝（pián zhī）；文王旰（gàn）食，日不暇给。今四邻多垒，宜人人自效，而虚谈废务，浮文妨要，恐非当今所宜。"谢答曰："秦任商鞅，二世而亡。岂清言致患邪？"（《世说新语·言语篇》第70则）

谢太傅寒雪日内集，与儿女讲论文义。俄而雪骤，公欣然曰："白雪纷纷何所似？"兄子胡儿曰："撒盐空中差可拟。"兄女曰："未若柳絮因风起。"公大笑乐。即公大兄无奕女、左将军王凝之妻也。（《世说

新语·言语篇》第71则)

支公①好②鹤。住剡东岇山。有人遗③其双鹤，少时翅长欲飞。支意惜④之，乃铩其翮⑤。鹤轩翥⑥不复能飞，乃反顾翅垂头，视之如有懊丧意。林曰："既有凌霄之姿⑦，何肯为人作耳目近玩!"养令翮成，置使飞去⑧。（《世说新语·言语篇》第76则）

【注释】①支公：支遁，字道林，东晋人，年二十五而出家为僧。他既是名僧，又是名士，与谢安、王羲之等交往甚密。②好：喜欢。③遗：送。④惜：舍不得。⑤翮：羽毛中间的茎冠，这里用来指翅膀上的羽毛。⑥轩翥：振翅高飞的样子。⑦姿：通资，资质、禀赋。⑧去：离开。

过江诸人，每至美日，辄相邀新亭①，藉卉②饮宴。周侯中坐而叹曰："风景不殊，正自③有山河之异!"皆相视流泪。唯王丞相愀然变色曰："当共勠力④王室，克复神州，何至作楚囚⑤相对!"《世说新语·言语篇》（第31则）

【注释】①新亭：亭子名，故址在今南京市西南长江边上。②藉卉：坐在草地上。③正自：只是。④勠力：合力。⑤楚囚：本指楚国的囚犯，后来借指处境窘迫的人。

王逸少作会稽，初至，支道林在焉。孙兴公谓王曰："支道林拔新领异，胸怀所及，乃自佳。卿欲见否?"王本自有一往隽气，殊自轻之。后孙与支共载往王许，王都领域，不与交言，须臾支退。后正值王当行，车已在门，支语王曰："君可未去，贫道与君小语。"因论《庄子·逍遥游》，支作数千言，才藻新奇，花烂映发。王遂解襟披带，留连不能已。（《世说新语·文学篇》第36则）

林道人①诣谢公②。东阳③时始总角④，新病起，体未堪劳，与林公讲论，遂至相苦。母王夫人在壁后听之，再遣信⑤令还，而太傅留之。王夫人因自出，云："新妇少遭家难，一生所寄，唯在此儿。"因流涕抱儿以归。谢公语同坐曰："家嫂辞情慷慨，致可传述，恨不使朝士见！"（《世说新语·文学篇》第39则）

【注释】①林道人：晋代和尚支道林。②谢公：谢安，东晋名相，死后追封太傅，世称谢太傅、谢公。③东阳：谢郎，谢安的侄子，曾任东阳太守。其父谢据早逝，下文"家难"指此事。④总角：古时儿童头发结成小髻，指代小孩。⑤信：传信的人。

谢公因弟子集聚，问："《毛诗》何句最佳？"遏称曰："昔我往矣，杨柳依依，今我来思，雨雪霏霏。"公曰："訏谟定命，远猷辰告。"谓此句偏有雅人深致。（《世说新语·文学篇》第52则）

张季鹰辟①齐王东曹掾②，在洛见秋风起，因思吴中菰菜羹③、鲈鱼脍，曰："人生贵得适意尔，何能羁宦④数千里以要名爵！"遂命驾便归。俄而齐王败，时人皆谓为见机⑤。（《世说新语·识鉴篇》第10则）

【注释】①辟：被任命。②东曹掾：官名。掾：原为辅佐的意思，后为副官佐或官署属员的统称。③菰菜羹：与鲈鱼脍并称为吴中名菜。

④羁宦：寄居在外地做官。⑤见机：洞察事情的苗头。机，通"几"。

　　刘伶①病酒，渴甚，从妇求酒。妇捐②酒毁器，涕泣谏曰："君饮太过，非摄生③之道，必宜断之！"伶曰："甚善，我不能自禁唯当祝④鬼神自誓断之耳便可具酒肉。"妇曰："敬闻命。"供酒肉于神前，请伶祝誓。伶跪而祝曰："天生刘伶，以酒为名⑤，一饮一斛⑥，五斗解酲⑦。妇人之言，慎不可听！"便引酒进肉，隗⑧然已醉矣。（《世说新语·任诞篇》第 3 则）

　　【注释】①刘伶：魏晋"竹林七贤"之一，以嗜酒闻名。②捐：倒掉。③摄生：养生。④祝：祷告。⑤名：通"命"。⑥斛：音 hú（胡），量器名，一斛为十斗。⑦酲：音 chéng，因饮酒过量而神志不清。⑧隗：通"颓"。

　　刘道真少时，常渔草泽，善歌啸，闻者莫不留连。有一老姬，识其非常人，甚乐其歌啸，乃杀豚进之。道真食豚尽、了不谢。姬见不饱，又进一豚。食半余半，乃还之。后为吏部郎，姬儿为小令史，道真超用之。不知所由，问母，母告之。于是资牛酒诣道真，道真曰："去，去！无可复用相报。"（《世说新语·任诞篇》第 17 则）

　　张季鹰纵任不拘，时人号为"江东步兵"。或谓之曰："卿乃可纵适一时，独不为身后名邪？"答曰："使我有身后名，不如即时一杯酒！"（《世说新语·任诞篇》第 20 则）

贺司空入洛赴命，为太孙舍人，经吴阊门，在船中弹琴。张季鹰本不相识，先在金阊亭，闻弦甚清，下船就贺，因共语，便大相知说。问贺："卿欲何之？"贺曰："入洛赴命，正尔进路。"张曰："吾亦有事北京，因路寄载。"便与贺同发。初不告家，家追问，乃知。（《世说新语·任诞篇》第22则）

桓车骑在荆州，张玄为侍中，使至江陵，路经阳岐村，俄见一人，持半小笼生鱼，径来造船云："有鱼，欲寄作脍。"张乃维舟而纳之。问其姓字，称是刘遗民。张素闻其名，大相忻待。刘既知张衔命，问："谢安、王文度并佳不？"张甚欲话言，刘了无停意。既进脍，便去，云："向得此鱼，观君船上当有脍具，是故来耳。"于是便去。张乃追至刘家，为设酒，殊不清旨。张高其人，不得已而饮之。方共对饮，刘便先起，云："今正伐荻，不宜久废。"张亦无以留之。（《世说新语·任诞篇》第38则）

王子猷居山阴，夜大雪，眠觉，开室，命酌酒。四望皎然，因起仿偟，咏左思招隐诗。忽忆戴安道，时戴在剡，即便夜乘小船就之。经宿方至，造门不前而返。人问其故，王曰："吾本乘兴而行，兴尽而返，何必见戴？"（《世说新语·任诞篇》第47则）

王子猷出都，尚在渚下。旧闻桓子野善吹笛，而不相识。遇桓于岸上过，王在船中，客有识之者云："是桓子野。"王便令人与相闻云："闻君善吹笛，试为我一奏。"桓时已贵显，素闻王名，即便回下车，

踞胡床，为作三调。弄毕，便上车去。客主不交一言。（《世说新语·任诞篇》第 49 则）

王子敬①自会稽经吴，闻顾辟疆②有名园。先不识主人，径往其家。值顾方集宾友酣燕，而王游历既毕，指麾好恶③，傍若无人。顾勃然不堪曰："傲主人，非礼也；以贵骄人，非道也。失此二者，不足齿之伦④耳！"便驱其左右出门。王独在舆上回转，顾望左右移时不至，然后令送箸⑤门外，怡然不屑。（《世说新语·简傲篇》第 17 则）

【注释】①王子敬：王献之，官员。②顾辟疆：人名。③指麾好恶：指点评论。麾，通"挥"。④伦：粗野，鄙陋。⑤箸：这里相当于"之于"。

王子猷尝暂寄人空宅住，便令种竹。或问："暂住何烦尔？"王啸咏良久，直指竹曰："何可一日无此君？"（《世说新语·任诞篇》第 46 则）

（经卫宏　胡时琴）

齐梁文化的五大亮点

齐梁两朝虽然统治江南大半个中国只有 78 年的历史，但在中华民族传统文化发展史上，是继春秋战国之后又一个文化辉煌的时期。齐梁两代在萧氏皇室成员对文化的倡导和推崇下，齐梁文化取得了全面发展与创新，使中华民族的传统文化更加繁荣昌盛。

第一，齐梁时代实现了儒、释、道三教圆融，使之成为中华文明的主脉之一。

梁武帝萧衍登基做了皇帝以后，仍然用大量精力与时间来研究佛学，他的佛学著作有《大品》《三慧》《净名》《涅萃》等几百卷，同时他对道教学说也有很多研究。他把儒家的"礼"、道家的"无"和佛家的"因果报应"糅合在一起，创新了三教同源之学说，孔子、老子是佛的学生；佛是日，儒、道都是星星，在三教之中，佛教最高，其次是儒学，道教是佛学的辅助等。

梁武帝萧衍原来信奉天师道教，在他当上了皇帝以后的第三年就宣布舍道归佛，把佛教提高到国教的地位；他把齐梁故里老家的祖宅都舍宅为寺；他还对道教采取了一些比较宽容的政策，实际上他是采取三教同时兼容的方法，以达到他治理国家的真正目的。所以，他创立了三教同源说，并能在理论上加以佐证。三教同源的核心内容是指儒教、道教同源于佛教。这样就可以以佛为主，他把三教有机地结合起来，在理论上做到互相补充与贯通，在实践上相互体现与实验，既用儒、道的道理教人在世间行善，又用佛教教义劝人出世以后能立地成佛。所以梁武帝萧衍有时就把释迦牟尼、老子、孔子称为"三圣"，针对当时社会上这三教经常不断斗争产生矛盾，认为三教属同一学说，这是他对三教学说历史发展过程中的一个大总结。

第二，齐梁时代出现了最早的两本诗文总集，萧统的《文选》和徐陵的《玉台新咏》。

萧统《文选》又名《昭明文选》，是齐梁时期的一部总文集。编者是南朝著名大文学家，梁武帝萧衍的皇太子。他虽然是皇太子，但一生专心文史工作研究。他于梁普通二年（521）召集齐梁时期的著名学者，选辑了上起周朝、下迄梁代800多年间、130多名知名和佚名作者著作共750多篇，他所选录作家都是各个朝代具有代表性的著作与人物，他选编的著作以名篇为主，情义和辞采并茂，反映了各朝正统学派文学作品的经典之作，为后代研究这七八百年的历史保存了极其重要的文献史料。这部特大型的《昭明文选》，受到了各个朝代的高度重视，从隋唐开始，因研究注释《昭明文选》一书形成"文选学"。到了唐代，科考应试举人、进士者，必须熟读《昭明文选》，唐代杜甫教儿子要"精读《文选》理"，南宋陆游在《老学庵笔记》里录有"《文选》烂，秀才半"的民间谚语。

南朝著名文学大家徐陵，东海郯人。他用几年时间编著了一部《玉台新咏》古诗总集，他在528年任梁武帝萧衍太子萧纲的东宫学士，受宫廷新体诗代表人物萧纲之令，编选作品760多篇，辑录成10卷《玉台新咏》古诗总集。其主要选出的是从东汉至梁代的诗作和乐府民歌，所选偏重择辑收录宫廷与民间的艳体诗歌等，主要描写齐梁时代有关男女艳情和妇女生活的新体诗作。其中收录了一些表现男女之间真挚爱情和当时妇女生活气息，有一定现实意义的诗作和乐府民歌等作品，如选录了杰出的叙事诗《孔雀东南飞》。《玉台新咏》一书中还保存了许多可贵的文学史料，如所选庾信《七夕篇》、曹植《弃妇篇》等均不见于别集作者。《玉台新咏》是继《楚辞》与《诗经》以后的又一部较早的古诗总文集。

第三，齐梁时代产生了文学史上永明体和著名的宫廷新体诗，以及骈体文的成熟。

"永明新体诗"是南朝齐代齐武帝萧赜永明年间形成的一种新体诗，其特点是有意识地辨别八病和四声，力求协调平仄。新诗体有着铿锵的韵音，工整的对仗，华丽的诗采。创造永明新体诗的作者是南朝梁代大文学家、大诗律学家沈约。他非常精通音律，将当时周颙发现的汉语四声用于新体诗歌创作，提倡写诗自觉运用声律，是中华民族文学史上的一次伟大创举。永明新体诗成为中国格律诗产生的开端，对辞赋、骈文以及后来唐代的诗、宋代的词和元朝的曲等文学体例均有极大的影响，在我国文学发展史上占有重要的一席之地。

"宫廷新体诗"是南朝齐梁时代流行的一种新体诗歌流派。主要作家是齐梁萧氏皇族成员与文学爱好者，大都喜欢诗歌与文学创作，所创作的作品大多描写女性之形体美，体裁形式工整，诗歌声律巧工，形成了齐梁时期宫廷新体诗歌流派的一道奇特风景线。这对后来的唐诗、宋词、元曲及明清时期的小说中对于描写女性内在美和刻画外在形体美产生了较大的影响。

第四，齐梁时代诞生了文学批评史上两部巨作——刘勰的《文心雕龙》和钟嵘的《诗品》。

南朝梁代著名文学理论大家刘勰的《文心雕龙》是我国古代第一部文学理论的专著，全书包括总论、文体论、创作论、批评论四个部分，共50篇，文体宏大，内容精深。《文心雕龙》一书分析了各种文体的流变和特点，文学创作与文学批评的原则关系，指出了文学和时代的关系，阐述了内容和形式的关系，论述了文学创作上的一系列重大问题。刘勰总结了以前的各种创作成果，继承发展了以前的理论体系，还创新了很多精辟理论与见解，既能立足于当时，又能影响于后世，在中国文学史上占有重要的席位。

南朝梁代大文学批评家钟嵘所写的一部名著——《诗品》，原名《诗评》。《诗品》所论述的范围主要是五言诗，全书对汉魏至齐梁120多位诗人逐个进行评论。《诗品》第一次建立起我国古代诗歌理论批评体系，提出了许多有关诗歌的精确见解。这是中国古代社会的第一部诗论专著，在古代诗歌理论与批评史上和诗歌发展史上有着卓越的贡献，对后世曾产生过很大的影响。

第五，齐梁时代沈约的《宋书》与萧子显的《南齐书》列入二十四史书。

南北朝时期虽然国事经常变化莫测，但文化的发展与创新却是继春秋战国之后又一次出现"百家争鸣"的盛景，是真正的"文化自觉"的时代。从庶民到天子，齐梁文化的大家都根据自己的心境与爱好共同为这个时期文化的发展与创新做出了重大的贡献。齐梁文化的成就是全方位的立体发展与创新，特别是在文学、史学、哲学、宗教、艺术、科学技术等方面都取得令人瞩目的成就。

齐梁皇室成员推动齐梁文化兴盛。齐梁时代在历史上的这种文化现象，有其深刻的社会历史背景，也与齐梁这两个朝代所实行的宽松政策和萧氏皇室成员的作用密不可分。

由于南北朝各政权分裂割据，当时同时并立了三大政治、经济、文化中心：建康（今江苏南京）、长安（今陕西西安）、洛阳（今河南洛阳）。这是当时政治经济形势、地理条件与区域性文化所促成的特征。鲁迅先生曾评价魏晋南北朝是中国文学史上首次出现的一个"文学自觉的时代"。清代著名学者李兆洛把梁武帝长子昭明太子萧统奉为"吾常文学之祖"。唐代李延寿在《南史·梁本纪》中称赞："东晋以来，二百余年'文物之盛，独美于兹'。"

附：　　　　　　　　　　**采莲赋**

萧绎

紫茎兮文波，红莲兮茎荷。绿房兮翠盖，素实兮黄螺。

于是妖童媛女，荡舟心许，鹢首徐回，兼传羽杯。棹将移而藻挂，船欲动而萍开。尔其纤腰束素，迁延顾步。夏始春余，叶嫩花初。恐沾裳而浅笑，畏倾船而敛裾。

故以水溅兰桡，芦侵罗袿，菊泽未反，梧台迥见，荇湿沾衫，菱长绕钏。泛柏舟而容与，歌采莲于汪渚。

歌曰："碧玉小家女，来嫁汝南王。莲花乱脸色，荷叶杂衣香。因持荐君子，愿袭芙蓉裳。"

（韦旭东　薛正红）

三人谈：任人评说王安石

时间：茶余饭后

地点：胡云信工作室

参加人员：胡云信　刘纯晓　刘　伟

主持人：胡云信

胡云信：王安石虽然出生在江西，却与南京有着不解之缘。他在南京度过青春时代，在南京三次任知府，两度守孝、两度辞相后均居住于此，在南京先后生活了近二十个年头，逝世后又葬在南京钟山脚下。他的父母兄弟死后也葬在南京。他在南京留下了许多动人的事迹和壮丽的诗篇。今天，我们三个人来谈谈王安石，我先定了一个题目：叫"任人评说王安石"，怎么样？

二刘：可行。

胡云信：从中学时代我就知道王安石的大名，列宁评价他是"中国十一世纪的改革家"。几十年来，他在我心中一直是当之无愧的政治家。特别是我读了王安石冷峻峭拔的诗文，更觉得他是伟大的文学家。

后来我读了冯梦龙的话本小说《警世通言》中的《拗相公饮恨半山堂》《王安石三难苏学士》篇目，觉得王安石是一个特立独行的人，是一个迂腐执拗的人。我给学生讲苏洵的《辨奸论》，不知道王安石生前有没有读过这篇文章，这篇文章对他真是大不敬啊。有人说这不是苏老先生的文章，也有人说文章并非针对王安石，但大多数人心知肚明，都认为针对的就是王安石。文章说："今有人，口诵孔、老之言，身履夷、齐之行，收召好名之士、不得志之人，相与造作言语，私立名字，以为颜渊、孟轲复出，而阴贼险狠，与人异趣。是王衍、卢杞合而为一人也。其祸岂可胜言哉？夫面垢不忘洗，衣垢不忘浣。此人之至情也。今也不然，衣臣虏之衣，食犬彘之食，囚首丧面，而谈诗书，此岂其情也哉？凡事之不近人情者，鲜不为大奸慝……"苏洵的这篇文章，语言真够尖刻的，把王安石骂得狗血喷头，说他不近人情，欺名盗世，说他"阴贼险狠，与人异趣"，还说他将来必定成为国家的"大奸大慝"。我很困惑，那时他还没有推行改革，就开始树政敌了，那以后的日子可怎么过。

近年，我读了林语堂写的《苏东坡传》，这本书在我内心引起极大的震动，多年形成的对王安石的认知破灭了。王安石改革家的丰碑轰然倒塌。因为林语堂说王安石的改革，让人民倾家荡产，流离失所，让官吏怨声载道，苦不堪言，改革导致了北宋的灭亡。这是我从来没有听见过的评价，但我不能不信啊，因为林语堂先生学贯中西，学富五车，是大作家，是国学大师啊。对此，你们二位怎么看？

刘伟：我曾读过元代人写的《宋书·王安石传》，我想，隔代人写的历史可信度应该较高吧。结果在这个传记里，记载了王安石的一些不光彩的地方。传记虽然称赞他"少好读书，一过目终身不忘。其属文动笔如飞，初若不经意，既成，见者皆服其精妙"。但文中却说他的好朋友曾巩拿着他的文章给欧阳修看，欧阳公"为之延誉，擢进士上第，笔书淮南判官"。这到底是不是真的？还说他"本楚士，未知名于中朝，以韩、吕二族为巨室，欲藉以取重，乃深与韩绛、绛弟维及吕公著交，三人更称扬之，名始盛"。这个记载我不相信是真的，神宗皇帝屡次下诏，让他进京为官，他都婉拒，怎么会巴结韩、吕二人以求仕途。所以我对王安石真实的形象困惑不解。

刘纯晓：说实话，近年来，对历史人物的认识最为迷惘混乱的就是王安石了。王安石成了我们对历史人物认知途中的一个重要驿站，不同时代对他的评价出现巨大的差异，也是可以理解的。不过，我确实觉得以他的偏执、倔傲和另类，并不适合当宰相。

胡云信：今年暑假，我按照曹勇车老师的推荐，阅读了梁启超的《王安石传》，让我眼界为之大开，心情为之一畅，大有拨云雾而见青天之感。梁启超是一位伟大的改革家，他青年时期和老师康有为一起，倡导变法维新，并称"康梁"，是戊戌变法（百日维新）领袖之一。但1898年，变法失败了，他出逃到海外。1908年，梁启超为王安石写了一本传记，叫《王荆公》，为他鸣千年的不平和冤屈。这一年，梁启超特别忙，距离戊戌变法失败的1898年，恰好过去了整整10年。梁先生深感国运衰微，被列强欺侮之痛；深感改革阻力之大，推进之凶险；深感世界潮流浩浩荡荡之势。他血泪齐下，写了《王荆公》，即《王安石传》，考证了宋史《王安石传》之错误、偏见和简陋，为王安石翻了千年的冤案。

刘纯晓：我常常在想"天妒英才"这四个字，用在王安石的身上，真是再合适不过了，他太杰出、太强悍、太超前，于是连老天都忌妒，天夺其命。历史上的成功的改革家的变法不是为了追求权力，不是为了追求个人利益，而是彻彻底底的赤子之心。虽然他们富国强兵的变法失败了，他们自己往往都是悲剧的结局，但给后世的影响是永远存在的。

胡云信：梁先生在王安石传记里给了王安石至高无上的评价。我来读一段，他说："就我所见宋代的王安石，他的品德和度量宏大如千顷的水泊，他的气节崇高如万仞山崖，他的学术成就集成了各个门派的精粹，他的文章起于八代之后，他所主持设立的国家政策取得的成效，适应了时代的要求而挽救了当时社会的弊端造成的危机。他出于善意而提出的法令法规，许多传到今天都没有能废除；那些被废除的，也大都符合政治原理，至今东西各国还都行之有效。唉！皋陶、夔、伊尹、周公，离我们太遥远了，他们详细的事迹已经无法知道。至于到三代（夏、商、周）之下寻求完人，只有王安石差不多可以当之无愧。悠悠千年后，才出这样一位伟人，这是历史的光荣，百姓应该买来金丝线，为他绣铸金身来祭祀他。自王安石之后，已经过了千年，这千年中，百姓怎么看待王安石呢？我每读《宋史》，都不能不把书放在一边而痛哭的。"

刘伟：以非凡的才能，而蒙受天下人的辱骂，换了朝代也得不到洗雪冤屈的，古今中外都有。在西方有克伦威尔，而在我国则有王安石。西方那些见识浅陋的史学家，他们评论克伦威尔，说他是乱臣贼子，说他奸险、凶残、迷信、发狂、专制、伪善，千万张嘴是一个声音。这种牢不可破的观点维持了百年，到了现在才是非大白于天下。英国国会给先哲们画了数百幅像，位于首座的，就是克伦威尔。我国的百姓对王安石也是跟在别人后面盲目诋毁诽谤他，全都和元祐、绍兴年间差不多。赞扬他的，不过是欣赏他的文章或赞扬他勇于担任大事；而他的人格，则更如美玉被埋在深矿中。

胡云信：别人的评价我们只能参考，我们要相信自己的眼睛和耳朵，不能盲从别人的言论和见解。我们一定要用自己的大脑思考，要用全面的方法解读，要看到历史人物特别是像王安石这样有争议的人物的复杂性和特殊性，决不可人云亦云，决不可尽信书本。

王安石被免去相位后，来到了南京，在这里盖了几间简易的房子，给自己园子起了个怪异的名字——"半山园"。我读了曹兄的文章，我懂了，他在意的是这个"半"字，半生心血，半途而废，半城半乡，半隐半仕，半读半游，半儒半释……他这个归来的相爷，每天骑一头毛驴，带几个僮仆，各一天干粮，山野寺庙，松下石边，细数落花，缓寻芳草，漫无目的，行止不定。他仿佛换了一个人，过去那风云激荡的岁月和人生，在这位历经沧桑的老人眼中，都已成为过眼云烟。

他在这钟山之麓里隐居了十几年，写下一百多首有关钟山的诗歌。三年前，我到钟山之麓的紫霞湖游览，途经明孝陵的墙外，有一条小路叫半山园路，小路的得名也许和他有关。确实，在竹木掩映之中，有几间粉墙黛瓦的院落，上书"半山园"三字。一看便知是后人复制的作品。海军学院的院子里也有一个半山园，在现代建筑的环绕之中，反不及这里幽静自在。

你们有没有想过。他为什么选择南京安度晚年。我想这不光是他在少年时代，跟随在江宁府做官的父亲生活在南京的缘故，也不光是朝廷派他在江宁为官的缘故。他因为执着坚韧推行变法而遭到弹劾，两次罢相，都回到南京居住。特别是第二次在南京住了十多年，直至去世，其中大半时光隐居在钟山之下的半山园。个中原因，我想，因为这里是六朝古都，这里积淀了太多的兴衰沉浮，积淀了太多的人世沧桑，积淀了太多的沉痛教训。金陵古迹之地，六朝帝王之都，江山秀丽，人物繁华，足可安居。

刘伟：他在这里可以更好地思考治国理政的经验教训。

胡云信：对的。他隐居南京期间写下的一百多首诗里，其中不少流露出抑郁不得志的情绪。他在隐居期间，身边有跟随的老兵，常常出去为他打酒。别人向老兵打听他的近况，老兵说："相公每日只在书院中读书，时时以手抚床而叹，人莫测其意也。"

我们的《唐诗宋词选读》里选了一首他填的词《桂枝香·金陵怀古》，堪称千古绝唱，真是大手笔啊，意境多么开阔，把壮丽的景色和历史内容和谐地融合在一起，自成一格。难怪杨湜《古今词话》评价："金陵怀古，诸公寄调于《桂枝香》者三十余家，唯王介甫为绝唱。东坡见之叹曰：'此老乃野狐精也！'"

"念往昔，繁华竞逐，叹门外楼头，悲恨相续。千古凭高对此，谩嗟荣辱。六朝旧事随流水，但寒烟衰草凝绿。至今商女，时时犹唱，后庭遗曲。"作者在文字里隐喻现实，表达对历史和现实的忧思。

王安石在进京之前，在江宁的工作很出色，在朝廷里影响很大。他的改革在江宁等局部地区获得极大成功，但为什么在全国推开时却失败了呢？

刘伟：改革本来就是一件极为艰难的事，设想得再好，如果没有一大批支持改革的人层层推行，改革必然会走样。有人批评王安石用人不当，任用一帮小人，导致改革走样。但在那个特定环境里，有谁支持他改革呢？他是一个人在奋斗，是单打独斗，是一个人在对抗北宋知识分子群体。余秋雨就是这样认为的。当朝宰相韩琦反对他，司马光反对他，苏洵、苏轼、苏辙反对他，连原来赏识他的欧阳修也反对他，甚至包括他的亲弟弟王安礼、王安国都不支持他。所以他只能任用品德不佳的新人吕惠卿。

刘纯晓：当然王安石改革也是操之过急，不能循序渐进，逐步推进；还有就是天不作美，那几年天灾不断，农民歉收，改革少了物质基础。各级干部不能理解改革的精髓，简单粗暴地推进，又不能及时发现问题，加以矫正，于是改革变了味，走了样，成为一帮自私的官吏得利的工具。改革措施被简单粗暴地推进，又大大加重了百姓负担，搞得怨声载道。

胡云信：是的。林语堂从西方体制和制度的角度，来理解王安石的改革：改革不仅没有让人民得利，反而让他们流离失所；改革让国家短暂地增加了财政收入，却不能持续发展，是杀鸡取卵式的改革。林语堂甚至得出结论，他的改革最终导致了北宋的灭亡，以至于南宋的灭亡。林语堂在《苏东坡》中介绍王安石的改革，他在书中构建了现代人心目中乐观、豁达、可爱可亲的宋代文人苏东坡的形象。他把所有的目光都集中在苏东坡身上，把王安石作为苏轼的对立面来写。这样一来，作者即使想客观公正地评价王安石改革，但写作目的驱使他把感情的天平倾向到苏东坡的一边。

王安石的改革虽然失败了，但我对他的人品却无不敬服，他的文章更是赢得无数人的仰慕。总之，王安石是一个特立独行的人，有人就说他不近人情，拘泥死板；有人说他是个奇怪的人，如不换衣服不洗澡、眼珠白多黑少、误食鱼饵、蓬头垢面等。我们世俗之人何必计较这些。我们今天就谈到这吧。谢谢二位！

（胡云信　刘伟　刘纯晓）

02

创新解读与设计

"山水含芳意"专题设计

【目标】

1. 了解南京的山水名胜。

2. 学习描写山水寄托情感的写法。

3. 培养解读文本、品味语言的能力。

【专题解说】

本专题所选文章有现代文赋、写景游记,学习方式以文本研习为主,以游览考察、收集资料为辅。很多文章看似寡淡,细读则丰腴浓厚,情感深挚。

《南京赋》

第一步:学生自读,解析词语,厘清思路,概括要点。

第一段交代写作原因和目的,第二段写南京的地理和历史,第三段写南京的山水名胜,第四段写南京名家辈出,第五段写南京的文化传承,第六段写现代南京的成就,第七段赞语抒情。

第二步：请学生交流研讨【思考感悟】的第1、2题。

第三步：学生自由评说某一段，借此积累知识，赏析"赋"语言的句式整齐、声律和谐之美。

用"赋"写南京赋，语言典丽，表现力强，富有音乐的美感，读起来朗朗上口。

【教学建议】

1. 略读感知即可，前三节为评析重点。

2. 写作练习：游览某个景点，借鉴赋的特点，写一篇写景抒情的文章。

《清凉古道》

这是一篇含蓄蕴藉的经典美文，语言清新淡雅，感情深挚，虽然写于70年前，今天读来依然启发良多。

品读时，引导学生分析作者抓住景物特征写景的优点，评析多处对比映衬的艺术手法和白描手法的巧妙运用。本文描写细腻，画面感非常强，简单勾勒，皆有画意，充满诗情，值得好好品味。

【思考感悟】

第1题：本文抒发的感情很复杂，既有对故都的思念牵挂，也有对日寇侵略带来破坏的控诉；既有对和平与繁荣的渴望，也有对古都沧桑变迁的深沉忧思。

第2题：学生可以用评点批注的方法，解决【思考感悟】中的第二个问题，如清凉古道的荒凉冷清与三牌楼的热闹繁华对比，南京古今对比等。注意分析开头和结尾的作用。

《玄武湖忆旧》

这是一篇经典美文，值得学生学习借鉴其写法，指导自己的文章写作。标题标明本文写的是玄武湖，但直到第三节才点出玄武湖，前三节都起着铺垫作用，说明作者对玄武湖的印象深刻。正式写玄武湖时，作者注意选材的精当，处处注意突出玄武湖的特征去写。先全景扫描式地写玄武湖的宁静、疏朗、充满野趣。"别有天地非人间"，引用汪辟疆的诗映衬，写法多变。然后选取玄武湖的樱桃花和荷花，写出了玄武湖的特色。本文着重写了一位渔家姑娘，她性情温和、体格健康、热情聪明。作者并非在一处集中写玄武湖，而是从不同的角度展示玄武湖的美，着力写"我"游览漫步的玄武湖，比如写到"我"微雨的秋日到台城漫步，将玄武湖写得烟雨迷蒙，非常美丽。

我们要引导学生分析，写文章是为了表情达意。本文抒写的是对玄武湖的赞美之情，对渔家姑娘的赞美之情和对闲适生活的追忆向往。

【思考感悟】

参考答案，见上文分析。

【资料链接】

务必让学生自读，全面了解南京的山水名胜。

（周文法　罗隽）

"园林有闲情"专题设计

本专题以游记体抒情散文为主，学生在作文中可以借鉴本专题一组文章的不同写法。

《走过南京的街巷》

本文构思非常巧妙，把南京比喻为历史长河中的一段，是一个古老巨大的城池，把高楼、故居、街道、树木和行人分别比喻为水中的岛屿、沉船、沟谷、水草和游鱼，处处想象为水中之景，比喻精妙，给读者无穷的遐思和美感。第一节，点题、定调；第二节，承上概写，把南京放在大的历史背景上观照；第三节，总写南京的街巷和建筑；第四节从远处落笔，写三十年前从一篇文章中读到的南京所获得的感受，回应第一节；第五节以中山路为中心写南京的街巷和感受；第六节写南京古老的巷子如评事街，表现南京的建筑和民居；第七节写覆舟山和鸡笼山（台城古迹）；第八节立足点和观察角度发生变化，写站在三十层楼上俯瞰南京街巷，感悟历史和现代；第九节收束全文，畅想南京的未来，祝福南京。

本文构思巧妙的第二点是以独特的视角写南京，即从南京的街巷角度审读南京。

本文写法上的第三个特点，是写南京街巷时，处处扣住南京街巷的特点：历史与现代交织，破旧与繁华并存，绿树成荫与车水马龙同在，既有温馨闲适的一面，也有沉重与沧桑的一面。总之，南京的街巷体现了丰富内涵和厚重坚韧的精神。作者的行文思路很清晰，情感脉络也起伏有致：渴望—得意—欣赏—感悟—惬意—回到渴望。

《金陵古迹·莫愁湖》

《金陵古迹》是民国前期著名女作家石评梅的一篇游记，本文节选其游览莫愁湖的部分篇幅。这篇游记以自己的游踪为线，将诸多景点的对联串联在一起，将对联抒写的慨叹与自己的游览感悟融为一体，让对联成为这篇游记的有机组成部分。

石评梅（1902—1928），中国近现代女作家，因爱慕梅花自取笔名石评梅；在《语丝》《晨报副刊》，以及她编辑的《妇女周刊》《蔷薇周刊》等报刊上发表散文、诗歌、小说和剧本。她与高君宇（1896 年出生，五四运动时为北京大学学生会负责人。1920 年与邓中夏共同组织马克思学说研究会。1921 年加入中国共产党，中国共产党第二、三届中央委员。1925 年在北京病逝）是 20 世纪 20 年代著名的作家和革命活动家，他们用生命谱成了一曲震撼人心的爱情悲剧。在她去世后，其作品曾由庐隐、陆晶清等友人编辑成《涛语》《偶然草》两个集子。后人称她是"民国四大才女"（吕碧城、张爱玲、萧红、石评梅）之一。石评梅在刘和珍牺牲后，写有《痛哭和珍》一文，声泪俱下，令人动容，选入苏教版教材配套的《学习评价》中。

阅读本文的难点在文中多副对联，重点也在此。根据文章对景物的简笔描写和对对联内容的评析，我们能隐隐感觉到内容的转折起伏与作家思绪的变化过程。

第一层次（进华岩庵登胜棋楼以及四副对联），写英雄美人的神采风姿；

第二层次（进入西院、莲池），写荒凉之景，发沧桑之叹；

第三层次（凭窗观湖景，与友人对话以及三副对联），感自然永恒，叹美人长逝；

第四层次（最后两节），写游览之后的感受，抒写心中块垒。

探究文章内容，本文除了写莫愁湖胜迹的美景之外，还感慨世事变迁人世沧桑，隐隐透露对时局的忧虑，对英雄美人的思慕。

阅读本文，以赏析写景文字，评析文中对联，厘清情感脉络，把握丰富情感为重点，积累知识，鉴赏构思特色，提高审美能力。

【资料链接】

这是一篇知识短文，着重介绍南京园林建筑，对其中的几个著名的建筑有详细介绍，可以指导学生游览学校附近的一些景点，并搜集资料，选择角度撰写一篇介绍南京某一处名胜的文章，在班内交流。

朱自清《南京》

朱自清《南京》发表于 1934 年 10 月 1 日《中学生》第 48 号，是朱先生 1934 年 8 月 12 日所作。我节选的是前半部分。

作者开篇便说"南京是值得留连的地方",是的,任何一个人在南京的名胜古迹里阅读一番,都能读出自己的独到见解。第二段先写总体的印象,"逛南京象逛古董铺子,到处都有些时代侵蚀的遗痕"。诚如作者所说,我们可以对时代侵蚀过的遗迹加以"摩挲""凭吊""悠悠遐想",可以遐想六朝的兴废,王谢的风流,秦淮的艳迹。每一个游览者都会通过这些遗迹背后的故事,得出"自家一番体贴"的感受。于是,作者建议去游鸡鸣寺。这是作者在《南京》一文中不吝笔墨细细描写的地方。南京可游的地方很多,不可能都游都写,更无必要都细写。文章写鸡鸣寺,且详细描写,文章的神韵和美的境界集中体现在对鸡鸣寺和莫愁湖的描写中。作者为什么要这样取舍?值得我们好好品味。

一是鸡鸣寺一端连着台城,一端连着玄武湖,是南京历史人文和自然风物最为集中的地方。二是鸡笼山与鸡鸣寺本就是有着厚重历史承载的地方,也是人们洗刷心灵尘垢的佛教圣地。玄武湖代表着南京的自然之美,台城是南京兴衰的见证。三是这三处景点钟毓一处,更见沧桑和厚重。

我们引导学生学习,重点在仔细品味语言,品味意境,体会作者的悠悠神思。作者的笔触穿透时空,引领我们神游一个悠远的世界。作者的感情绝不是"以一个游人的眼光来看南京的风景"这么简单,需要我们细细咀嚼。

【思考感悟】

3个思考题,角度和侧重点各不相同,在读透文本的基础上,答案就清楚了。

(董月萍　李秋絮)

"人物自风流"专题设计

　　本专题以写人物的记叙文为主，有当代人物的报道，有草根人物的短文，有人物传记，有祭文，有白话文，有文言文。本专题教学以文本研习为主，在阅读文本的基础上，走进人物的精神世界，体会作者的情感世界，把握不同人物的写法。特别是对素材的取舍加工，细节描写值得我们仔细品味。

《吴良镛毕生追求诗意栖居》

　　《吴良镛毕生追求诗意栖居》是一篇人物通讯，可引导学生在快速阅读的基础上，说出本篇报道的要点，以及文体的基本特征。然后了解本文的设计理念：人与自然的和谐的内涵，由此体会吴良镛的形象特征和白描手法描写人物的艺术特色。

《初游燕子矶》

　　《初游燕子矶》是现代著名作家陈白尘的一篇散文。文章前面很多铺陈文字，初看觉得浪费笔墨，细读之下才发觉这是作者与南京结缘之因、去燕子矶游览之由，更为作者之后情绪的变化埋下伏笔。后面与人力车夫的对话，看似简单，实则字字句句都有深意。本文的最大特点是大量的铺垫，闲笔不闲，平淡的语言背后是对生命的珍视，对人生的思考。

了解本文铺垫烘托的写法，仔细品味人物对话的含义所折射出的人物细腻的内心活动，然后回答课后的两个思考题。

《柳敬亭说书》

《柳敬亭说书》是人教版传统教材。《柳敬亭说书》全文可分为五个段落，首言柳麻子的外形长相，继言柳麻子说书的行情，接着举实例说明柳麻子说书的景况，再以其他说书人的羞愧说明柳麻子的好，最后则是总结他有好行情的原因。本文篇幅十分短小，全文共二百多字，但就是这短短的篇幅让读者对柳敬亭高超的说书艺术留下了深刻的印象，这得益于作者独具匠心的行文安排和一些艺术手法的运用。首先，文章运用了欲扬先抑的手法，赞扬柳敬亭说书艺术的高超，却先说他外貌的丑陋，再以王月生作比来衬托其说书艺术非同一般。其次，文章还运用了侧面烘托的手法，"摘世上说书之耳而使之谛听，不怕其舌死也"一句，以其他说书人反衬柳敬亭说书艺术的高超。另外，"武松沽酒"一处，运用了细节描写，凸显柳敬亭说书的细致入微。

王月生是张岱笔下一位与众不同的歌妓，她"不喜与俗子交接，或时对面同坐，起若无睹"（《陶庵梦忆》），宛若"不俗"的名士。好的文章，讲究"虎头、豹尾"，作者在文章首尾两次提到王月生，其用意是肯定柳敬亭说书艺术的高超，身价与王月生相当。柳麻子样貌虽丑，但神情风流与王月生一样美好。当然，首尾两次写到王月生也使得文章前后呼应，在结构上更加完整。

张岱十分喜欢《世说新语》式的语言，山人张东谷曾有评价他父辈的话："尔兄弟奇矣！肉只是吃，不管好吃不好吃；酒只是不吃，不知会吃不会吃。"张岱认为有晋人风味，大加赞赏。后有人将其改为"张氏兄弟赋性奇哉！肉不论美恶，只是吃；酒不论美恶，只是不吃。"张岱大恶，认为这样字字板实，一去千里，是"点金成铁手"。所以张岱在描写人物时往往喜借用《世说新语》的语言。写柳敬亭悠闲自在、不修边幅的样子，用了《世说新语》中评价刘伶的句子"悠悠忽忽，土木形骸"。悠悠忽忽，指随随便便、放荡不羁的样子，意谓柳敬亭行事不喜约束，但求自在；土木原指朴实无华，以二者来形容人物的不事修饰再恰当不过了，且在语意上与"悠悠忽忽"相合。

《祭妹文》

《祭妹文》是清代文学家袁枚的一篇散文，为中国古代文学史上哀祭散文的珍品，收录于《小仓山房集》。《祭妹文》从兄妹之间的亲密关系着眼，选取自己所见、所闻、所梦之事，对妹妹袁机的一生做了绘声绘色的描述，渗透着浓厚的哀悼、思念以及悔恨的真挚情感。文章记述袁机在家庭生活中扶持奶奶，办治文墨，写她明经义，谙雅故，表现出她的德能与才华。虽然写的都是家庭琐事，却描述得"如影历历"，真切可信。

【思考感悟】

1. 参考答案：先总写其妹素文死后还不能回归故里，竟葬在离家七百里的异地，一开头就充满无限哀伤之情。结束时，直抒悲痛之情，"哭汝"二字总括全文，"奠汝"二字与前文交代话中的"奠以文"相应。用"呜呼"领起，结束时连说"呜呼哀哉"，呼应开头一段的悲叹，一往情深，使悲痛的气氛回荡不息，加强了抒情的效果。

2. 参考答案："四支犹温，一目未瞑，盖犹忍死待予""然则抱此无涯之憾，天乎，人乎，而竟已乎！""汝死我葬，我死谁埋""哭汝既不闻汝言，奠汝又不见汝食""纸灰飞扬，朔风野大，阿兄归矣，犹屡屡回头望汝也"。

3. 参考答案：都用第二人称，全文像汝吾面谈。叙事主要形式是回忆往事，表现与亡者的亲密关系与深厚感情。抒情融于叙事之中，叙事抒情有机结合。

4. 参考答案：①羊山旷渺，南望原隰，西望栖霞，风雨晨昏，羁魂有伴……②纸灰飞扬，朔风野大。作用：选段中偶尔穿插写景，使叙事、抒情、写景有机融合。烘托了悲凉气氛，强化了悲伤情感，有利于淋漓尽致地抒情，增强感染力。

（申静　张菁）

"文章风骨存"专题设计

桃叶歌

王献之

桃叶映红花,无风自婀娜。

春花映何限,感郎独采我。

【阅读提示】

《桃叶歌》是东晋乐府"清商曲词,吴声歌曲"中的一个曲调,据《乐府诗集》记载,该曲调系东晋王献之所作。

本篇以桃叶的口吻来表达桃叶对王献之喜爱它的感激之情,篇中的"郎"即指王献之。一二句是说:桃树绿叶红花相互映衬,它那轻盈娇艳的体态,虽然没有春风的吹拂,也仿佛在微微晃动,显得婀娜多姿。这两句表面上写桃树,实际上是以桃花比喻桃叶妾的美丽。三四句是说:春天百花盛开,在明媚的阳光下,焕发光彩的花木品种真是数不胜数;可是郎君唯独喜爱采撷我(桃花),其情谊是多么令人感动啊!全篇以桃花比桃叶妾,显示出它的娇艳美丽;以王献之于春日百花中独采桃花，表现出他对桃叶的深情和桃叶对他的感激。短短四句通过生动的比喻把桃叶的美丽、献之和桃叶两人的情爱都表现出来了，语短情长，堪称古代爱情诗中的佳作。语言朴素明朗，比喻生动贴切，可以看出受到吴地民歌的影响。

《桃叶歌》抒写王献之对婢妾的爱情，受到江南民歌大胆表现爱情的影响，也显示出魏晋时代文人思想解放的特色。在汉代，儒家思想的统治相当强大，要求诗歌"发乎情，止乎礼"，表现男女爱情的诗歌往往受到轻视甚至受到限制，所以西汉时期没有诗歌和民歌。到了魏晋时期儒家思想的统治大大削弱，道家思想抬头，当时不少文人要求摆脱森严的礼法束缚，主张顺乎自然和人性。所以该诗是这种开放的新风气的产物，十分难能可贵。杜牧说："大抵南朝多旷达，可怜东晋最风流。"此之谓也。

长干曲

逆浪故相邀①，菱舟不怕摇②。
妾家扬子住③，便弄广陵潮④。

【注释】

这是一首南朝乐府民歌。《长干曲》属于"杂曲歌辞"，只有五言四句一首。长干，是古代金陵的里巷名。①逆浪：迎面打来的浪头。邀：遮留、阻拦。这句意思是说：逆水行舟时迎面打来的浪头好像是故意要阻止人的去路。②菱舟：小船。③妾：古时女子的自称。扬子：扬子江，长江上的一个渡口，在今江苏省扬州市南。④便（pián）：习惯。

广陵：古郡名，广陵郡治在今扬州市东北。广陵潮指扬子江中的潮水。弄潮，即驾舟在浪潮中行驶。

【思考感悟】

1. 这首诗歌描写了怎样的一幅场景？

阅读提示：

在白浪滔滔的大江之上，一叶扁舟在浪尖上颠簸，在浪谷中滑行，仿佛随时都会被巨浪打翻，令旁观者心颤。而划船女子却镇定自若。她说："逆浪故相邀，菱舟不怕摇。"她说自己是特意选了这么一个风急浪大的时候，顶着风浪来划船相邀的。言外之意：风平浪静，哪比得上此刻有意思呢！女主人公并没有说她所邀的人是谁，也没有说何事相邀，但从冒着风浪就不难看出这位采菱女相邀的是热恋中的情郎，为了和心上人相约，即使风再急浪再高，又怎么能阻挡得了她呢！

2. 诗中的女子是一个什么样的形象？

阅读提示：

其所反映的生活具有鲜明的水乡特点，而且感情豪迈，语言生动，音节谐美，是南朝民歌中很出色的一篇作品。

这首诗情调活泼明快，语言质朴清新，不加雕琢而情境俱佳，三言两语，便点染出江南水乡女子独有的精干清灵，使一个风里来浪里去的痴情女子形象生动地浮现在读者面前。南朝民歌多描写男女恋情，风流妩媚。诗中的女子颇有一股飒爽英气，不似其他情歌中的女主人公那样缠绵；采菱女驾舟出没于风浪中的画面，颇具江南水乡的独特风情。

梅花赋

[梁] 萧纲

层城之宫，灵苑之中。奇木万品，庶草千丛。光分影杂，条繁干通。寒圭变节，冬灰徙筒①，并皆枯悴，色落摧风。（背景。入笔用背面敷粉法。）

年归气新，摇芸动尘。梅花特早，偏能识春。或承阳而发金，乍杂雪而披银。（入题。起。用全景镜头。）

吐艳四照之林，舒荣五衢之路。既玉缀而珠离，且冰悬而雹布。叶嫩出而未成，枝抽心而插故。漂（飘）半落而飞空，香随风而远度。挂靡靡之游丝，杂霏霏之晨雾。争楼上之落粉，夺机中之织素。（承。用特写镜头。铺开。纯用白描，摹其生态。）

乍开华而傍巘，含影而临池。向玉阶而结采，拂网户而低枝。七言表柏梁之咏②，三军传魏武之奇。（转一：用广角镜头，关联上下。介入常人的生态环境、心理反应。）

于是重闺佳丽，貌婉心娴，怜早花之惊节，讶春光之遣寒。夹衣始薄，罗袖初单。（转二：用广角镜头。介入美人的生存状态、心理反应。）

折此芳花，举兹轻袖。或插鬓而问人，或残枝而相授。恨鬟前之大空，嫌金钿之转旧。（转三：用特写镜头。人花合一，主客相融。）

顾影丹墀，弄此娇姿，洞开春牖，四卷罗帷。春风吹梅畏落尽，贱妾为此敛蛾眉。花色持相比，恒愁恐失时。（结题。合。宕开：傲雪报春的梅，竟然在春风拂拂中落尽了；顾影弄姿的娇娥们，你们又当做何感想？）

【注释】

①寒圭变节，冬灰徙筒（tǒng）。变节：转换时节。冬灰：占冬至节的葭灰。葭即芦苇。筒，同"筒"。古人将芦苇膜烧成灰放入不同的律管中以占节候，某律管中葭灰飞出，即知某节候到。冬至节到，则相应之黄钟律管内的葭灰飞动。②柏梁之咏：相传是汉武帝诏群臣登台赋诗联句，出现了七言诗句，简文帝首称柏梁体。

【作者简介】

萧纲（503—551）：南朝简文帝，字世绒，小字六通，南兰陵（今江苏常州西北）人。武帝第三子。萧统卒后，遂立为皇太子。太清三年（549）即帝位。在位两年，为叛将侯景所杀。简文帝雅好诗赋，文学造诣很高。此文选自《全梁文》卷八。

【阅读提示】

胡军生《骈文观止》简评：先赞梅花"偏能识春"之特征，次摹花发后之形状、芳香与神韵，后写重闱佳丽早春折梅且顾影自怜之情景。夫少女与梅花，花面交相映，本为同一意象，而"春风吹梅长落尽"，那么"贱妾"岂能不"为此敛蛾眉"且"恒愁恐失时"？青春苦短当珍惜啊！

咏史二首·其一

李商隐

北湖①南埭水漫漫，一片降旗②百尺竿。

三百年间同晓梦，钟山何处有龙盘③。

【注释】

①北湖：南京玄武湖。埭（dài）：坝，多用于地名。《金陵志》："南埭，水上闸也。"北湖，指玄武湖，是南朝操练水军的场所。南埭，即鸡鸣埭，是六朝帝王寻欢作乐的地方。此言水漫漫，意谓昔日之水军、帝王皆不复存在，唯湖水漫漫。②一片降旗：刘禹锡《西塞山怀古》："千寻铁锁沉江底，一片降幡出石头。"乃指东吴孙皓降晋。③南京为六朝故都，三百年间，王朝更替，降旗屡竖，非但孙吴一回。"龙盘"又写为"龙蟠"。徐爰《释问》："建康东北十里，有钟山，旧名金山，后更号蒋山。诸葛亮以为钟山龙盘，即蒋山也。"张勃《吴录》："刘备曾使诸葛亮至京，因睹秣陵山阜，乃叹曰：钟山龙盘，石头虎踞，帝王之宅也。"

【思考感悟】

1. 这首七绝《咏史》，是李商隐咏史诗中的杰作之一。一二句写了哪些内容，用了什么手法？

阅读提示：

一二句写北湖即玄武湖，南埭，即鸡鸣埭，都是六朝帝王寻欢作乐的地方。当年繁盛的北湖南埭，曾经看过彩舟弥津，听过笙歌迭唱，而今天，却只剩下了汪洋一片。这里，诗人怀着抚今感昔的情绪，把"北湖""南埭"这两处名胜和漫漫湖水合起来写，烘托出空虚渺茫之感。一二句构成对比关系和景情融合关系。

第一句诗人是把六朝兴废之感用高度的艺术概括融汇到茫茫湖水的形象之中，而第二句"一片降旗百尺竿"，却又是通过具体事物的特写，形象地表现了六朝王运之终。"降旗""一片"，分外可笑；竿高"百尺"，愈见其辱。无论是从"一片"的广度或者是从"百尺"的高度来说，透过形象来看历史，六朝中的一些末代封建统治者，荒淫之深、昏庸之甚、无耻之极，都可想而知了。

2. 三四句想传递什么样的思想意蕴？

阅读提示：

第三句，诗人突转一笔，囊括六朝三百年耻辱的历史。从孙吴到陈亡的三百年时间纷纷更迭，好似凌晨残梦。说钟山龙蟠，形势险要，有什么根据呢？前两句的"北湖""南埭"已经为下文的"龙盘"之地伏笔，而"一片降旗"偏偏就高高竖起在石头城上，则更证明地险之不足为凭了。这样，结尾一句就恰如水到渠成，呼之欲出。"钟山何处有龙盘"这一反问，就蕴意含蓄，发人深思。他描写了一幅饱经六朝兴废的湖山图画，而隐藏在画面背后的意蕴，则是"龙盘"之险并不可倚靠。"水漫漫"是诗人从当今废景来揭示意蕴；"一片降旗"是从古史兴亡来揭示意蕴。

南乡子·自古帝王州

王安石

自古帝王州，郁郁葱葱佳气①浮。四百年来成一梦，堪愁。晋代衣冠成古丘②。

绕水恣③行游。上尽层楼更④上楼。往事悠悠君莫问，回头。槛外长江空自流⑤。

【注释】

①佳气：指产生帝王的一种气，这是一种迷信的说法。②李白《登金陵凤凰台》诗中的名句："吴宫花草埋幽径，晋代衣冠成古丘。"把晋代与吴宫并举，明确地显示出后代诗人对晋代的向往。③恣：任意地、自由自在地。④更：再，又，不止一次地。⑤语出唐代诗人王勃的《滕王阁诗》中的名句："阁中帝子今何在？槛外长江空自流。"

【思考提示】

此诗为王安石晚年谪居金陵，任江宁知府时所作。在表达昔盛今衰之感的同时，把自己复杂的心境，也暗含于诗作之中。

词的上阕将写景、咏史、抒情融为一体。古都金陵郁郁葱葱，佳气上浮。但那是晋代的事情，已经过去四百年了，晋代白衣胜雪之族，已经成为一座座古墓。上阕末句借用李白《登金陵凤凰台》中的名句，表达的是同样的昔盛今衰的怅然之情。

下阕写作者独自一个人绕着江边行游，然后登上高楼。"绕水游"

是排遣心中的愁绪或不平事的一种办法，在这里，作者借这种典型的动作来表现内心的无边愁绪。"上尽层楼"，作者是思念故国（首都），还是"欲穷千里"呢？是一种表面闲适与内心的无奈，还是心有所往，心有所悟？往事悠悠而去了，你不要问我在想些什么，回头看过去的时候，只能看见窗外的长江，在日夜不息地向东流去。

桂枝香·金陵怀古

王安石

登临送目①，正故国晚秋，天气初肃。千里澄江似练②，翠峰如簇。征帆去棹③残阳里，背西风、酒旗斜矗。彩舟云淡，星河④鹭起，画图难足。

念往昔、繁华竞逐，叹门外楼头⑤，悲恨相续。千古凭高对此，谩嗟⑥荣辱。六朝旧事随流水，但寒烟衰草凝绿。至今商女，时时犹唱，《后庭》遗曲⑦。

【注释】

①送目：把目光送到远方，即远眺。②千里澄江似练：千里长江如同一匹长长的白练。练，白色的绢。本句从谢朓《晚登三山还望京邑》"余霞散成绮，澄江静如练"中化出。③征帆去棹：远去的船。征，远去的。棹，划船的工具，形似桨，与"帆"都代指船。④星河：指长江。⑤门外楼头：用典，代指亡国的惨剧。语出杜牧《台城曲》："门外韩擒虎，楼头张丽华。"说的是隋朝大将韩擒虎已带兵来到金陵朱雀门外，陈后主跟他的宠妃张丽华还在结绮阁寻欢作乐。⑥谩嗟：空叹。

⑦《后庭》遗曲：指陈后主所作《玉树后庭花》歌，后人视之为亡国之音。唐杜牧《泊秦淮》："商女不知亡国恨，隔江犹唱后庭花。"王安石借用杜诗的意思，并且翻新了这种意思，批评的不再是"商女"，而是陈后主，观点更为客观。

【思考感悟】

1. 简要分析本文"景"与"情"的关系。

阅读提示：

这首词是诗人罢相之后家居金陵之时所作。上阕描绘广阔的金陵秋景，以大江为背景，写出了金陵形胜之地的如画美景，为下阕感慨六朝兴衰奠定基础。下阕追求历史情思，把广阔的空间与悠久的历史寓于一首词之中，显示了作者壮丽的诗笔和壮阔的豪情，同时也流露出罢相之后失意无聊寄情于自然风光的情怀。

2. 请赏析上阕写景的艺术特色。

阅读提示：

上片开端点明观景的时间，是"晚秋""天气初肃"的时候。肃穆之气，扑面而来。在此基础上再着"故国"二字，更增加了历史的沉重感。其余部分都是书写金陵的江景，意象叠加多变。"澄江"如白练，"翠峰"簇拥。"征帆""残阳"，船儿在夕阳的映照下，或停或行。西风劲吹，"酒旗"被吹斜了，矗立在那里。一个"背"字，一个"矗"字，用得极妙，把江边景致写得栩栩如生，似有生命寓于其中。作者选择景物，注意大场面与小景物的结合，有江与山，也有船与旗，由面及点，显示了作者运用概括之笔和精细之笔均非常娴熟的能力。但这些都是静景，作者接下来突出了"鹭起",在静中写了动,同时白鹭起飞也是古代隐士最喜爱描写的场景,这一景物的出现,不仅仅使整个画面动静结合,而且显示了一种文化,表达了作者隐居的情怀。结语"画图难足"恰到好处。

3. 下阕咏史,《历代诗余》卷一百十四引《古今词话》说:"金陵怀古,诸公寄调《桂枝香》者,三十余家,惟王介甫为绝唱。"为什么前人赞扬它是众多怀古词中的绝唱?

阅读提示:

下阕怀古,暗用了许多古代的诗词名句,使此词具有了深重的文化感触和生命感触,是作者当时心境的直接外现。首句怀古,想象往昔的繁华,是那样的令人向往,只是后来发生了战争,打破了这样的繁华与绮靡,使得繁华消逝之悲与亡国破家之恨的人间悲剧一个接着一个上演。而作者于千年之后登高,对着这片曾寄寓着如此丰厚的意蕴的土地和它的历史,还计较什么个人的得或失,还嗟叹什么个人的荣或辱呢?隐含了作者想借对往事的追思来淡忘个人荣辱的想法,这是一种逃避,也反映了一种无可奈何的现实。六朝时事已旧,暗逐逝波远去了,剩下的只有荒寒之烟、衰飒之草和已经凝结了的绿色。只是为何直到今天,这些商女还在唱着陈后主所写的《玉树后庭花》呢?暗含两个意思,一是六朝的繁华不再,我们为何还要唱歌吟唱繁华的歌曲呢,表明对昔盛今衰的感叹;二是这是亡国的靡靡之音,我们为什么还要唱呢?意短情长,使人觉得尺幅千里,饶有不尽之情致,而嗟叹之意,千古弥永。

【教学建议】

1. 与《唐诗宋词选读》对接。

2. 自行调整组合微专题，如融合《世说新语》与《板桥杂记》的片段阅读。

3. 引导学生梳理金陵文脉的演变发展过程。

（孙英　王玲）

"风俗多趣味"专题设计

【目标】

1. 了解南京的主要风俗习惯，并能分析其美学意蕴。

2. 学习文章的细节描写，并分析人物形象。

【专题解说】

本专题有两篇小说（《红楼梦》节选），两篇说明性散文。教学可以《红楼梦》（节选）为主，后两篇为自读课文。

《红楼梦·斗草》

小说第二十三回写道，宝玉自进园来，心满意足，再无别项可生贪求之心。每日只和姊妹丫头们一处，或读书，或写字，或弹琴下棋，作画吟诗，以至描鸾刺凤，斗草簪花，低吟悄唱，拆字猜枚，无所不至，倒也十分快乐。贾宝玉还写了春、夏、秋、冬四首"即事诗"。这里写

76

到了斗草簪花的习俗。

"斗草",是旧时春夏间花草茂盛季节里人们的一种游戏,又称"斗百草"。"斗草"在古代典籍和文学作品中多有记载和描写,历史悠久,花样繁多。

"簪花",即是"斗花",是"斗草"的一种形式。"簪"就是戴或插之意。唐代诗人杜牧《代人作》诗中有"斗草怜香蕙,簪花间雪梅"之咏。《红楼梦》第六十二回写到"斗花"游戏,是一群小丫头和小戏子们在一起玩,文中节选的即这一部分。

从这段描写中可知"斗草"和"斗花"是同一种游戏,花草不分,胜败在于谁能采得多而又说出名字来。香菱说出"夫妻蕙",豆官就说没听说过。于是香菱做了解释,说明香菱对花的知识比豆官等人要多。后来宝玉以"并蒂莲"对"夫妻蕙",说明宝二爷的知识更胜一筹。《红楼梦》中的"斗草"描写,反映了清代乾隆年间的生活现实,同时通过"斗草"的描写表现了香菱、宝玉和丫鬟群体的性格,把游戏同刻画人物联系在一起,体现了作者曹雪芹的艺术观念。

场面描写很生动清晰,值得借鉴。"呆香菱情解石榴裙"中,香菱和宝玉表现出的性格特征需要深入分析。本文的用词造句和侧面映衬可以引导学生自主发现和发掘评析。

《红楼梦·放风筝》

《红楼梦》第七十回"林黛玉重建桃花社 史湘云偶填柳絮词"中专门描写了宝玉和姐妹们一起放风筝。看似很开心热闹的场面描写,其实带有深深的悲剧色彩。

仔细看来这些风筝和每个人的命运紧密相连。

【内容解析】

一、蝴蝶风筝

引起他们放风筝的原因是贾赦的丫头嫣红放了一个蝴蝶风筝落到了潇湘馆。此时宝玉和众姐妹正在讨论诸位所填的柳絮词之优劣。

放风筝一节先由此入笔，有何寓意？人们众说纷纭，我们不必做过多解读，重点在引导学生分析宝玉的性格和放风筝所寄托的美好情怀。

二、宝玉的风筝

文中写宝玉的风筝最多，先是写了赖大娘送给宝玉的大鱼风筝被晴雯放走了，宝玉的螃蟹风筝送给贾环了，林大娘送的美人风筝顶子不好，怎么也放不起来。宝玉又换了一个风筝放起来了。后来黛玉首先放飞了自己的风筝，风筝远远地飞走了，宝玉怕黛玉的风筝独独，急忙剪断风筝线，追随黛玉的风筝而去。

宝玉的风筝飞不起来时，赖大娘送了他一个大鱼风筝。大鱼在中国人的习俗里代表着富裕，赖大娘是贾府管事赖大的母亲，在贾府是极有体面的嬷嬷，贾母曾经说过这样的话："我知道你们这几个都是财主，位虽低些，钱却比她们多。"这其中的"你们"就是指赖大娘这些人，而"她们"则是指王熙凤妯娌几个。

赖家也有楼房厅厦，还有一个让探春忘不了的花园。赖大娘的孙子也是公子哥儿似的长大，后来还做了知县，但是贾政向他借五百两银子，他却只给了五十两。后来赖家怕赖大在贾府的日子不好混，就写信给赖大，叫他设法告假赎身。

贾府的败落原因很多，但是这些奴才的贪赃枉法，中饱私囊也是原因之一。可以说这个大鱼风筝被放飞既暗示着贾府最终的败落，也说明败落之因和赖大这些人有着千丝万缕的联系。这个风筝被晴雯放走，晴雯就是赖大娘送给贾母的人。

宝玉还有一个螃蟹风筝被袭人送给了贾环。螃蟹的寓意是"富甲天下和纵横天下"的财富和权势。此时的贾府依然可以说是富甲天下，位高权重，而宝玉是贾府最正宗的嫡孙，目前来看贾府所有的财产和爵位将来都是宝玉的。但是世事难料，后来宝玉出家了，荣国府只有贾环一个正儿八经的孙子了（虽有贾兰，但是一则年龄小，二则贾兰只以读书为己任，不问贾府的事务）。所以螃蟹风筝给了贾环，则意味着荣国府彻底在贾环的手里败落。

林大娘送了个美人风筝给宝玉，而且做工非常精致，宝玉很喜欢。林大娘是林红玉的母亲。红玉是宝玉的丫鬟，也是林大娘千方百计送到怡红院的，因为名字重了宝玉、黛玉而改为小红。这小红长得非常漂亮，也一心想成为袭人这样的角色，"只是宝玉身边一干人都是伶牙俐爪的，哪里插的下手去"，宝玉也曾经一度想抬举小红，可最终未成。

宝玉道："可惜不知落在那里去了，若落在有人烟处，被小孩子得了还好，若落在荒郊野外无人烟处，我替他寂寞。想起来把我这个放去，教他两个作伴儿罢。"这几句话值得评析。

三、黛玉的风筝

黛玉的风筝是个美人，这个美人自然指黛玉自己，孤单一人投奔贾府，最终命丧贾府。

宝琴笑道："你这个不好看，不如三姐姐的一个软翅子大凤凰好。"宝钗笑道："果然。"

书中交代黛玉是第一个把风筝放走的人，而且写明了放风筝就是放晦气。而用美人代表晦气，感觉也不吉利。这在探春放风筝时写得更是明白。

要注重评析这一段的文字描写，引导同学们自由评说，不必拘泥于一家一说。

四、探春的风筝

探春的风筝是个软翅子大凤凰，凤凰则是王妃的代名词。书中预言探春必招贵婿："我们家已有了王妃，难道你也是王妃不成？大喜，大喜！"探春后来远嫁海外成为王妃。

探春正要放走自己的风筝时，天上也有一个凤凰风筝，两个风筝绞在一起时又来了一个喜字风筝。另一个凤凰风筝在我看来就是代表元妃。

无论是凤凰还是喜，都没有摆脱被放走的命运。

五、宝钗的风筝

宝钗的风筝是一连七个大雁。这七只大雁在这里的含义有三点。

第一，大雁是群居的鸟类。宝钗精于世故，在贾府大得人心，支持者甚众，和大雁极为相似。另外大雁都是极其循规蹈矩的，这也和宝钗的性格相符。

第二，大雁有着从一而终的优良品质，一旦选定了伴侣，就永远不会再更改。即使某一天失去了自己的伴侣，也决不会再另找伙伴。所以传统婚礼里中有男方带着大雁到女方家迎娶新娘的习俗。我们可以从中得出宝玉确实和宝钗结婚了，只可惜没有白头到老，宝钗只落了个独守空房的命运。

第三，"七"字在佛教中为小圆满的含义，宝钗放了七只大雁风筝，也有宝玉出家了，宝钗的梦想也就破灭了之寓意在里面。

六、宝琴的风筝

宝琴的风筝是蝙蝠。蝙蝠的寓意是"遍福"，象征幸福，如意或幸福延绵无边。在外人看来，宝琴是有福之人。自己美若天仙，似乎压倒了大观园里所有的美女，而且看起来比黛玉还受宠。但其实不是这样。薛姨妈曾经对贾母这样说过："可惜这孩子没福，前年他父亲就没了，他母亲又是痰症。"所以宝琴把象征着福气的蝙蝠放走了。

总之，表面上看起来宝玉他们的风筝都是象征着美好的事物，寄托着人们对幸福的追求和向往。但是从古代的放风筝的寓意来看都是极为不吉利的。因为在他们的心里放风筝就是放晦气。所以众人说道："倒有趣，可不知那喜字是谁家的，忒促狭了些。"

【教学建议】

以上对各个风筝所蕴含的意义做一点解析，教学中仅供参考，只要学生明白各人所放风筝是别有寓意的即可，不可深究。

学习的重点是，学习曹雪芹的高超的语言艺术，要注重体会每个人放风筝的神态、动作、心理的不同，以及放风筝情节的安排。

（罗春梅　沙景雯）

03

优秀案例实录

风俗多趣　人间少忧

——红楼梦·放风筝（选自程甲本《红楼梦》第七十回）

【教学目标】

1. 赏析《红楼梦》中关于放风筝的描写。

2. 通过相关的古诗词，探究合作，了解放风筝的相关内容。

3. 体会风俗与文化之间的关系，激发学生了解民风民俗的兴趣。

4. 通过文本了解人物形象及命运。

5. 了解南京的相关民俗。

【教学难点】

通过赏析诗文，探究合作，了解放风筝与人物命运的相关联系。

【教学过程】

一、视频导入

视频导入《放风筝》。

二、自读文本

补充"脂本"（戚序本、庚辰本、己卯本）在上述放风筝的情节之后，比程本多出了一大段文字，红研所校注本照单全收，文字如下：

宝玉道："可惜不知落在那里去了。若落在有人烟处，被小孩子得了还好，若落在荒郊野外无人烟处，我替他寂寞。想起来把我这个放去，教他两个作伴儿罢。"于是也用剪子剪断，照先放去。探春正要剪自己的凤凰，见天上也有一个凤凰，因道："这也不知是谁家的。"众人皆笑说："且别剪你的，看他倒像要来绞的样儿。"说着，只见那凤凰渐逼近来，遂与这凤凰绞在一处。众人方要往下收线，那一家也要收线，正不开交，又见一个门扇大的玲珑喜字带响鞭，在半天如钟鸣一般，也逼近来。众人笑道："这一个也来绞了。且别收，让他三个绞在一处倒有趣呢。"说着，那喜字果然与这两个凤凰绞在一处。三下齐收乱顿，谁知线都断了，那三个风筝飘飘摇摇都去了。众人拍手哄然一笑，说："倒有趣，可不知那喜字是谁家的，忒促狭了些。"黛玉说："我的风筝也放去了，我也乏了，我也要歇歇去了。"宝钗说："且等我们放了去，大家好散。"说着，看姊妹都放去了，大家方散。

三、思考交流

1. 旧日的南京，放风筝是普遍的民俗活动，放风筝有什么样的寓意？今天的南京，放风筝也时时可见，与《红楼梦》中的描写相比，有了什么样的变化？

2. 有人研究，《红楼梦》中放风筝的内容，每个人放的风筝不同，这不是曹雪芹无意中的安排，实际上是有某种隐意的。请说说你的看法。

一家之言：

红楼梦第七十回的后半部分，描写了放风筝。六个有名字的风筝，形象地代表了红楼中的六美人。

作者在第五回的太虚幻境薄命司披露了 16 钗，宝玉只查阅了 15 钗，副册香菱之下的夏金桂，被《红楼梦》隐藏了。有关夏金桂的图画、判词、副曲等内容，在有关的回目中，通过薛蟠道出了端倪。这 15＋1 的红楼 16 钗，总归成 8 死 6 寡 2 出家的结局。

在第七十回中，赫然醒目的六个风筝，指的就是六寡妇。软翅子大凤凰是贾探春，大鱼是花袭人，大螃蟹是夏金桂，美人是妙玉，大红蝙蝠是李纨，一连七个大雁是贾巧姐。下面简略地补充一点说明。

"这里小丫头们听见放风筝，巴不得七手八脚都忙着拿出个美人风筝来。"小丫头们个个都拿出自己的美人风筝，在院外敞地下放去。提醒我们下面的六个有名字的风筝，应该联系到相关的人物。

1. 软翅子大凤凰。宝琴（对一个丫头）笑道："你这个不大好看，不如三姐姐的那一个软翅子大凤凰好。"——明确地揭示了软翅子大凤凰是三姐姐贾探春。秋爽斋的后院有一棵梧桐，凤凰非梧桐不栖。"凤凰鸣矣，于彼高岗。梧桐生矣，于彼朝阳。"

2. 大鱼。宝玉又兴头起来，也打发个小丫头子家去，说："把昨儿赖大娘送我的那个大鱼取来。"小丫头子去了半天，空手回来，笑道：

"晴姑娘昨儿放走了。"宝玉道:"我还没放一遭儿呢。"探春笑道:"横竖是给你放晦气罢了。"——晴姑娘和花袭人是宝玉身边的一左一右,透露了大鱼是袭人。没嘴的葫芦总有一天要开瓢,像鱼嘴一样喋喋不休,倒出瓢子,泄露出贾家一个不可告人的秘密。

3. 大螃蟹。宝玉道:"也罢。再把那个大螃蟹拿来罢。"丫头去了……说道:"袭姑娘说,昨儿把螃蟹给了三爷了。"——把夏金桂和贾环联系起来了。红楼的六寡妇,两两对应相关,形成三组态势。妙玉和探春,一文一武对应;李纨和袭人,一死寡一活寡对应;巧姐和金桂,一清一浊对应。巧姐嫁到清白之家,金桂沦入污浊之地。金桂的污浊之地,是云儿的锦香院。夏金桂终将被千人践、万人踏,而贾环是她颠鸾倒凤的常客。贾环不爱彩霞,只爱夏金桂。殊不知夏金桂怂恿贾环对莺儿和宝玉,施以何等罪恶。

4. 美人。丫头去了,同了几个人扛了一个美人并籰(yuè)子(绕丝、线的工具,此指放风筝用的线车子)来,说道:"袭姑娘说……这一个是林大娘才送来的,放这一个罢。"宝玉细看了一回,只见这美人做得十分精致,心中欢喜,便命叫放起来。所有的风筝都放起来,独有宝玉的美人放不起来。宝玉说丫头们不会放,自己放了半天,只到房高便落下来了。急得宝玉头上出汗,众人又笑。宝玉恨得掷在地下,指着风筝道:"若不是个美人,我一顿脚跺个稀烂。"黛玉笑道:"那是顶线不好,拿出去另使人打了顶线就好了。"——美人放不起去,照应妙玉的终陷泥淖中。顶线不好,含义极深。

5. 大红蝙蝠。宝琴也命人将自己的一个大红蝙蝠取来。——大红蝙蝠是李纨戴珠冠、披凤袄的形象写照。

6. 一连七个大雁。宝钗也高兴，也取了一个来，却是一连七个大雁的。——在刘姥姥的呵护下，巧姐与板儿男耕女织。这是贾巧姐的福分，不是她的命薄。巧姐的命薄，指的是狠舅奸兄爱银钱、忘骨肉，害死了板儿。

二家之言：

1. 软翅子大凤凰——我理解是探春，意味着探春出嫁为妃（也许和亲，但肯定与异族联姻了，和探春花签、判词相对应）。

2. 大鱼——怡红院的美人鱼，是指晴雯，晴雯原本是赖嬷嬷送到贾府来的。最终晴雯自放，虽被辱不愿求生。

3. 大螃蟹——到怡红院的大螃蟹，结合宝钗做的螃蟹诗，是指贾环，也许贾环这个皮里空黑黄的家伙，后来确实给宝玉背后使坏。

4. 美人——这是一个精致的美人，是指黛玉。林大娘送来的，即林家送来的。宝玉想放飞却放不了，意味着后来贾府遭祸，宝玉想让黛玉离府避祸，黛玉不肯。但是黛玉后来又自己放飞了这个风筝，我猜测后来黛玉为救宝玉，答应了皇亲贵胄的婚事（我猜测是北静王）。

5. 大红蝙蝠——宝琴，宝琴一直是个非常完美的形象，在书中宝琴的归宿是最好的。

6. 一连七个大雁——宝钗后来的心情，"一连七个"象征着在宝玉离家后，宝钗盼君归热切却无望的心情，七是单数，和七巧也相对应，宝钗的悲哀是，她连一年一次见夫君的机会也没有。

四、拓展

1. 观看视频资料高淳民俗——南京城墙。

2. 文本阅读·实用类阅读《清明那些事儿》思考以下问题。

（1）南京有哪些节日风俗？

（2）你参加过哪些民俗活动？

（3）你听说过"正月十六爬城头"的秦淮习俗吗？这种习俗有什么文化内涵？

附录：

"清明时节雨纷纷，路上行人欲断魂。"一提清明，人们多会生出几分悲戚。其实大可不必，追根溯源，清明不仅仅只是个扫墓节。

清明那些事儿

关于"清明"的最早文字记载出于西汉刘安的《淮南子·天文训》："春分后十五日，斗指乙，为清明。"

清明节在每年的4月4日至6日之间，此时雨水增多，春和景明，所以又叫踏青节。事实上，最早扫墓只是寒食节的内容，后清明、寒食两节逐渐合二为一，因此清明节就出现了一个特殊的现象：既有祭扫亡灵的悲酸泪，又有踏青游玩的欢笑声。

古人因为清明节要寒食禁火，为了防止冷餐伤身，所以会到户外参加一些体育活动，有踏青、荡秋千、蹴鞠（类似于今天的足球运动）、打马球、拔河、斗鸡、插柳等，这都是宋代以来就十分流行的清明活动。

还有些民俗活动已经悄悄湮没在了历史的记忆里，比如清明吃鸡蛋（节蛋），曾经如同端午节吃粽子，中秋吃月饼一样的重要。

老南京说清明

"旧时老南京上坟，还要带上一种特制的多层竹盒'春筒'，放着祭供祖先的菜肴，二素一荤，一定要有木耳，还必须准备一块煮熟的白肥刀头肉，这是孝敬山神土地的。"

南京民俗专家吴福林介绍，南京人从前过清明节时一般分为三大内容，一是寒食节，这天家家户户都不能点火做饭；二是文人活动，民国时期，文人们于清明时节往往聚集在东郊邓演达墓附近，吟诗作画，以此纪念先人，并表达历史感怀之情；三是老百姓的一些活动，如打秋千、踢球、挖野菜等，在20世纪80年代，还曾举行过一些声势浩大的传统运动会项目。"南京人喜欢挖野菜，并且总是成群结队，热闹的就是那个过程。"

新假日新民俗

在会吃能玩热爱生活的新南京人看来，清明不仅仅是传统节日，更是他们享受生活的好机会。春光如此明媚，即便是祭扫也不必愁云惨淡，不如当成温馨的家庭聚会；农谚云"种树造林，莫过清明"，植树既包含了感恩之意又可表达"催护新生"，一些网友在西祠的南京生活版上发帖征友植树；"清明螺，赛只鹅"，农家有清明吃螺蛳的习惯，这天用针挑出螺蛳肉烹食，叫"挑青"，南京周边的农家乐吸引了很多饕餮玩家摩拳擦掌；春花灿烂，樱花、海棠、绣球次第盛开，怎少得了牡丹的身影？想一睹花开富贵的王者之花，你一定不能错过溧水的牡丹节……

（韩美霞　惠栋）

祭妹文（袁枚）

【教学目标】

1. 了解本文从生活中选取有代表性的材料，按时间顺序概括死者一生以及寓情于事的写法。掌握一些多义词的意义。

2. 认识封建礼法对妇女精神的毒害。

【教学重点、难点】

1. 重点：掌握记事、抒情、析理相结合的写作方法"寓情于事"。

2. 难点：文中感情的自然流露。

【教学时数】

一课时。

【教学过程】

一、作者简介

袁枚（1716—1798），清初诗人、散文家和文学批评家。字子才，号简斋，又号随园老人，浙江钱塘（杭州市）人。乾隆进士，曾任江宁知县。不久辞官，定居江宁（南京市）之小仓山，故自号"仓山居士""随园老人"。对于诗文的创作，他反对传统的儒家礼教的束缚，主张直抒性情。这就是他所首创的著名的"性灵说"。不过，从他的创作实践来看，他的作品大多数是抒发闲情逸致的。他的作品集有《小仓山房文集》《随园诗话》和笔记小说《子不语》等。袁枚自成一家，与纪昀齐名，时称"南袁北纪"。

二、解题

本文是袁枚哀悼胞妹袁机的一篇祭文。现代人用开追悼会的形式悼念死者，并用悼词来概述死者生前的事迹以及对死者的怀念。在古代则用祭祀形式悼念死者，并在祭祀时朗读祭文。祭文是我国古代特有的一种文体。祭文是以主持祭祀人的身份和口吻写的，它的内容包括概述死者的生平、事迹，作者和死者的关系、交往以及对死者表示哀悼之情等。本文抒写对亡妹的悼念，着重写兄妹之间的亲密关系，情真意切，语出肺腑，读来哀婉真切。

本文是袁枚的著名散文作品。袁枚的《祭妹文》、韩愈的《祭十二郎文》、欧阳修的《泷冈阡表》，历来被认为是祭文中的绝唱。

三、疏通课文

四、理解以下几个问题

1. 本文可分为几个部分？是如何按时间顺序叙事的？

全文可分为三大部分：开头一段是第一部分，叙述葬妹的时间、地点，交代因葬妹而撰文设祭。第2~8段是第二部分，抒写对亡妹的怀念。结尾一段是第三部分，写祭时所想、所见及祭毕而归的情景。

第二部分是全文的主体部分，先用两段文字概述亡妹的不幸遭遇，以下五段则按时间叙事：（1）写儿时几件小事，表现兄妹间的亲密无间；（2）写妹归居母家以后的情况，表现妹之才德和兄妹相依之情；（3）写妹病逝和自己因远游而未及诀别的无限憾恨；（4）写对亡妹身后事的处理，并联想到将来自己身后的悲哀。

2. 本文是通过记叙哪些生活琐事来表情达意的？

本文是一篇祭文，祭文的特点是要求概述死者的生平事迹，袁机是一个封建社会中的妇女，无生平事迹可言，而她和作者又是同胞兄妹，所以作者选取了生活中的一些琐事来写。例如，回忆幼年时的生活情况，写了兄妹共同捉蟋蟀和埋蟋蟀、兄妹一同在书斋读书、兄长弱冠远游时小妹的悲恸和中进士还家后全家的欢乐等几件事；记叙袁机归居母家后的情况，写了她扶持堂上阿母治办家中文墨和在兄病时终宵刺探为说稗官野史等几件事；记叙袁机病中及去世时的情况，写了她病重时阻人走报、病危时盼望兄归、病逝后一目未瞑等几件事。文章就是通过这些生活琐事的描写，寄托了作者的无限哀思，表达了兄妹间相依相存的亲情，对妹妹不幸遭遇的悲痛之情和感激妹妹的相助之情。

3. 本文是怎样把抒情和叙事紧密结合起来的？

本文在写作上的一个重要特点就是在叙事中充分抒发自己强烈的感情。具体来说，是通过两种方式来抒情的：一种是寓情于事，以情动人。文中所记的许多小事都渗透着作者怀念、同情和悲悼亡妹的真挚情意。另一种是在叙事中穿插一些抒情性的语句，来直抒胸臆，表达感情。例如，在回忆儿时的共同生活后袁枚说："然而汝已不在人间，则虽年光倒流，儿时可再，而亦无为印证者矣。"在写袁机绝高氏而归对自己的帮助时袁枚说："予又长汝四岁，或人间长者先亡，可将身后托汝，而不谓汝之先予以去也。"在写自己病中受到袁机的关心后袁枚说："呜呼！今而后吾将再病，教从何处呼汝耶？"在写袁机病危及去世后袁枚说："然则抱此天涯之憾，天乎，人乎，而竟已乎！"在写为袁机办理后事联想到自己无子时袁枚说："汝死我葬，我死谁埋？汝倘有灵，可能告我？"这些都是在叙事过程中充分表达自己的哀痛心情，感人至深。

4. 第 3 段写袁机的不幸遭遇，主要是从哪个方面来写的？为什么要这样写？

袁机被指腹为婚给高氏，及长，高氏子无赖，本应解除婚约，但她因受封建礼教的影响，不肯解约。她婚后受尽虐待，不得已离婚归居娘家，造成"孤危托落"的处境，以致早死。对于袁机不幸遭遇的具体情况，本段并没有正面写，仅在段首用了一句话加以概述。作者主要是从造成这种悲剧的根源上来写的，文中说："累汝至此者，未尝非予之过也。"为什么袁枚这样说呢？"使汝不识诗书，或未必艰贞若是。"这就是说，"识诗书"是造成袁机终身悲剧的根本原因，而"识诗书"又是和作者"伴读"所致，因此作者感到分外的悲痛。

在这一段中，作者主要是集中写造成袁机终身悲剧的根本原因，从而推究到自己的过失，谴责了儒家三从四德观念的毒害。这是伤心至极的激愤之语，因而表达的哀伤就更加真挚、深刻、感人。

5. 第4段中共写了三件事，作者在写这三件事时抓住了哪些细节描写，这些细节描写有什么作用？

写幼年共同捉蟋蟀时，袁机"奋臂出其间"，表现了她天真活泼的情态；写兄妹共同读书时，袁机"梳双髻，披单缣"，显示了她稚嫩可爱的神态；写作者远游时，袁机"掎裳悲恸"；作者中进士返家时，袁机"从东厢扶案出"和"一家睚视而笑"，这一恸一笑，表现了袁机纯真的兄妹之情。总之，这些细节描写都表现了袁机活泼可爱的少女形象，以及与作者之间天真无邪、亲密无间的兄妹之情。

6. 祭文是一种什么样的文体，本文与一般祭文有什么不同之处？

古代的祭文是一种对死者表示崇敬和怀念的文体，相当于现在的悼词。祭文的体例，一般是简叙死者生卒年月、享年多少，以由某人主祭为发端，以追叙死者生平事迹、抒发哀痛之情为主体，以呼告死者安息、"尚飨"结尾。由于一般祭文是应合礼仪的需要，作者也就虚应故事谀颂死者，因此多浮夸不实，缺乏感人的力量。而本文和一般祭文不同，从内容来看，它不像一般的祭文那样追叙死者生平事迹，而是选取一些典型的生活琐事来写；从感情的抒发来看，它语出肺腑，表达了哀婉真挚的感情。

五、阅读《女弟素文传》，帮助理解课文

六、参观阳山碑材袁机墓

（韩美霞）

金陵的背后

——《南京赋》《秦淮暮雨》

【教学目标】

一、知识教学点

1. 了解南京的山水名胜。

2. 学习描写山水寄托情感的写作。

3. 了解秦淮夫子庙的名胜古迹、风土人情、历史名人等知识，理解秦淮文化的多重内涵。

二、能力训练点

1. 培养学生搜集、筛选、归纳和利用资料的能力。

2. 学会把握信息、探讨问题、提高思考和辩证地认识问题的能力。

3. 强化学生的表达能力、写作能力、思考能力、归纳能力。

三、情感目标

了解并亲近南京文化，正确认识传统文化的现代意义。

【教学设想】

针对校本课程而设计的一节课。学习的意义在于：一是颠覆传统观念——人们对秦淮文化只是脂粉文化的观念，了解秦淮文化的多重内涵；二是人文教育上，了解并亲近本土传统文化；三是提高思考和辩证地认识问题的能力。教学中，说一说课前收集的各种资料，并对已有的知识进行信息辨别、筛选、归纳，思考辨析为主，学会探讨问题，让学生走向社会，亲近大自然，去寻找美、发现美，让美化为永恒的记忆。

本节课让学生感受到了家乡秦淮夫子庙的风光美、人文美和时代美，激发了学生对祖国的热爱之情。

【教学过程】

课前，播放相关视频。

一、学生自读，解析词语、厘清思路、概括要点

第一段交代写作的原因和目的，第二段写南京的地理和历史，第三段写南京的山水名胜，第四段写南京名家辈出，第五段写南京的文化传统，第六段写现代南京的成就，第七段赞语抒情。

二、交流研讨

1. 作者笔下的南京有悠远的神韵，最能吸引你的是哪一个方面，为什么？

2. 作者为什么用赋的形式来写南京？这样写有什么好处？

3. 作者第一段中说"恐为绮靡之诗但发幽思"，你同意吗？

三、拓展阅读

阅读《秦淮暮雨》思考，这篇散文的情感是喜是悲何其难辨。想一想，作者在文中主要抒发了一种怎样的复杂情感？

四、拓展思考

1. 说一说，秦淮的旧时遗风。

南京作家叶兆言说：秦淮河是一条文化含金量很高的河，那么在这一条标志性的河流里沉淀了哪些彩虹似的梦？请你说一说和秦淮有关的古迹、传说、人、物、事……

细读秦淮，才发现原来河水里所影照的是千年唐宋的痕迹与沧桑。六朝的南京繁华兴盛，纸醉金迷；唐宋时期，南京的帝王气消歇，冷寂萧条。这给文人创作提供了广阔的空间，创作风格大都体现了浓郁的沧桑之感。（板书）

这一条秦淮河，长长地流过尘封的史书，每一处急流浅滩便是城头大王旗的见证，你方唱罢我登场，朝代的替换，强者的登台与谢幕，带动着秦淮河水踉踉跄跄流去。

2. 议一议，秦淮的悠长神韵。

秦淮畔夫子庙后院思乐亭有副柱联："大江南北，消磨多少英雄豪杰；伤心千古，沉淀一片秦淮明月。"难道秦淮文化只是风花雪月，六朝脂粉？

五、课后作业

1. 写一写，秦淮的今时绮梦。

穿越而来的历史人物（如王羲之、王献之、杜牧、刘禹锡、李香君、孔尚任、朱自清等）重游21世纪的秦淮河，请你选择一个针对他

（或她）的特殊身份，写一篇有针对性的导游词。

学生思考书写。

2. 想一想，秦淮的迤逦未来。

有人说，21世纪的市场经济，贸易运作古文化，秦淮河的商业味浓郁得像黏稠的蜜，蛊惑得秦淮河的清韵全然没了踪影。或许，要寻唐诗宋词的妙韵只能回到诗卷中，回到历史中了。对此你的观点是什么？

教师小结：站在秦淮河的桥头，放眼过往，人流如织，步履匆匆，两岸灯火如炬，迷离闪烁。秦淮河两岸也沾上了点珠光宝气。好在在这个物欲膨胀的时代，南京不去争夺经济中心，也不去抢占政治中心，只是默默地传承着秦淮文化千百年来的精髓，当我们被世俗纠缠得身心疲惫的时候，不妨去秦淮畔走一走，栖息一下我们躁动的心魂。（板书：精神栖息）

（经卫宏　丁婷婷）

六朝的风流遗韵

——一组金陵怀古诗的教学设计

【教学目标】

1. 知识教学点：体会诗歌通过写景、怀古所表达的特定的思想感情。

2. 能力训练点：能运用比较、想象、联想、品味关键词语等方法鉴赏诗歌。

3. 思想渗透点：能欣赏秦淮六朝文化的精髓，热爱本土文化。

【教学重点、难点】

1. 重点：把握诗人登临怀古抒发的独特情怀，能从意象、典故入手把握怀古与伤今的内在关系，学会鉴赏。

2. 难点：闻一多曾提出，学习、研究古典诗歌要有两个原则：一是带读者走进古典的那个时代，二是把古典带到读者的时代。前一个原则是提醒大家注意作品所处时代的民俗文化背景；后一个原则是要求大家介入作品，把作品当成自己参与或者目睹的事件，领会历史与现实的关系。所以教学中要给学生留有充分的自由探讨、争鸣的空间和时间，建立师生平等交流的平台，促使学生实现个性化阅读。

【教学过程】

一、话题导入　激发兴趣

1. 学生以导游的身份向前来观光的外国朋友介绍秦淮河、夫子庙的相关情况。

（找准话题能使学生更快进入课堂。可以让学生了解到秦淮河的相关历史，激起学生学习的兴趣）

2. 秦淮河给中国文人怎样的印象？

学生根据以前所学的知识谈谈。

（学生对杜牧的《泊秦淮》等相关怀古诗作的回忆，便于学生调动已有的积累，更轻松地进入本诗的学习）

二、重难点的突破

1. 余秋雨先生说过，中国传统文学中最大的抒情主题，不是爱，不是死，而是怀古之情、兴亡之叹。确实如此，中国古代诗歌中，怀古诗词占了很大一部分。金陵，一个被六个朝代君主选为国都的地方；秦淮，一个风景优美、历史悠久的文化之处，自然成了古往今来文人墨客争相游览之地。怀古诗中，以金陵为吟咏对象的数不胜数。以秦淮为吟咏对象的诗歌有哪些？这些诗歌主旨是什么？

PPT 展示相关诗词：

王献之《桃叶歌》、贺铸《秦淮夜泊》、范成大《秦淮》、钱谦益

《留题秦淮丁家水阁》。

2. 学生以四人小组为单位讨论自读诗词，选择最喜欢的一首，归纳主旨，并从内容或形式上分析鉴赏，体会诗歌的"景""情"美，然后派代表发言。（教师提示可以从内容上、结构、语言、表现手法、风格上进行比较分析鉴赏）

（诗歌讲究整体阅读，学生既要从文字中感受到作者的情感，又要能理解整首诗歌的情感脉络，把握作者所选意象与主旨的关系，这是诗歌阅读由感性到理性的升华）

3. 学生对同学的发言进行点评，教师综合学生的发言，结合各个诗人的生平、写作背景，"知人论世"明确主题。（知人论世，根据注解或查阅有关资料，了解作者及背景是学习古典诗歌的重要方法，教师在此处的提问以及讨论中要注重对学生方法的点拨与引导）

王献之《桃叶歌》：表达了夫妇之间彼此的热爱与感激之情。

贺铸《秦淮夜泊》：作者的乡愁以及对时局日下的担忧。

范成大《秦淮》：体现出作者政治仕途上的艰难。

钱谦益《留题秦淮丁家水阁》：寄托了作者的故国之思和愧悔之情。

（理解诗人的感情一定要依托于诗歌内容的理解，诗歌思路的把握。教师带领学生解读文本、理解认识作者思想情感的过程，也是学生自主探究、提高古典诗歌品读能力的过程。所以，老师要给学生思考活动的时空，让他们在对具体文字的品味感悟中，加深理解，表达各自见解，不断提升能力）

4. 教师小结：从主题上看，秦淮河畔的诗词并不是"脂粉文化"，而多是怀古伤今的沉痛之作。

三、延伸探讨

探究秦淮诗词主题的主要形成原因。

1. 是作者当时的特殊处境和社会背景的产物。（略）

2. 这和秦淮的特殊地理位置、文化氛围有密不可分的联系。

早在公元前472年，勾践灭吴之后，就在秦淮河畔长干桥头建起"越城"，这是南京建城将近2500年历史的开始。公元前210年"秦始皇东巡会稽，归还时经金陵，望气者云，五百年后，金陵有都邑之气。故秦始皇东游以厌之"（李吉甫《元和郡县图志》），为了巩固统治，他"改其名曰秣陵，堑北山以绝其势"，从此秦淮河才改向北流，以泄王气。六朝时代，秦淮河及夫子庙一带便已繁华异常，十里秦淮两岸贵族世家聚居，文人墨客荟萃。可隋唐之后，秦淮河一带一度冷落。巨大的反差构成数千年的秦淮文化，成为金陵文化中特色鲜明的怀古因子。

（教师的提问要有一定的思维量，学生可充分探讨，教师可在课堂上适机引导，在讨论中形成解答，勿包办代替。抓住关键的语句来进行探究，可能会形成两种不同的观点，但必须引导学生从现有的知识储备中找到支撑观点的依据。）

四、延伸联系

杜牧的"秦淮河"是衰落的大唐王朝没落的背影；"卖油郎独占花魁""杜十娘怒沉百宝箱"，冯梦龙《三言》里的秦淮河满溢脂粉的情爱；李香君的秦淮河沉没了最美的桃花扇；吴敬梓的秦淮河积满腐烂的淤泥；朱自清的秦淮河是趣味文人的"桨声灯影"……几千年来，谁能真正体会这条文化之河的内涵？雨落秦淮，我手抚琴弦看见新大陆，请学生阅读清朝潘高《秦淮晓渡》，谈谈这首诗里的秦淮河。

五、布置作业

学生以小组为单位收集关于南京秦淮河、夫子庙的相关图片、诗词、典故，制作相关文件，小组交流。

（韩美霞　张璐玮）

濡染六朝烟水气

——《且说六朝烟水气》

【教学目标】

1. 了解作者的相关信息。

2. 了解六朝烟水气的含义。

3. 培养学生的阅读能力。

【教学难点】

通过赏析诗文，探究合作。

【教学过程】

一、导入

视频导入《台城》。

二、作者简介

袁鹰，原名田钟洛，当代著名作家、诗人、儿童文学家、散文家。

生于一个破败的地主家庭。1943 年考入之江大学教育系，在校期间即参加《莘莘》《新生代》、袁鹰《联声》报刊编辑。1945 年加入中国共产党，先后被分配在学生运动、文艺和宣传部门工作，长期在报社当记者、编辑。1954 年加入中国作家协会。历任《世界晨报》《联合晚报》副刊编辑。新中国成立后，担任《解放日报》文教组组长，《人民日报》文艺部主任，《散文世界》主编。

三、讨论交流

1. 作者认为南京的"六朝烟水气"有哪些内涵？

2. 当下生活事件中，哪些能够表现六朝烟水气，哪些不能表现六朝烟水气？

四、读写点拨

1. 六朝烟水气其实就是一种文化性格，是对自然、对文化的一种自觉。"六朝烟水气"是吴敬梓在《儒林外史》里提出来的，具体内涵，吴敬梓并未说明。

2. 阅读文本朱自清的《南京》，思考作者是如何描写鸡鸣寺、台城和玄武湖？

五、拓展

1. 观看视频：南朝石刻。

2. 阅读时文，连线张鸣《站·队》讨论交流"魏晋风度"跟"六朝烟水"有啥联系？

六、课外阅读

1.《美的历程》第五章"魏晋风度"。

2.《寻觅中华》中的"丛林边的那一家""千古绝响""重山间的

田园"。

3.《世说新语》一书。

4.《民国那些人》一书。

七、室外活动

1. 游览台城。

2. 参观"六朝博物馆"。

附录：

站·队

张鸣

中国古代政治，最难在站队。上面有两个头儿的时候，更难。如果再赶上社会对于道德的讲究，到了矫情的地步时，则难上加难。三国的魏朝末期，就是这样一个时段。

曹家篡汉，由于后世普遍存在着对汉朝的同情，一向不为人看好。连石勒这样的胡人，都说是曹操从孤儿寡母之手夺天下，算不得英雄。其实，曹家的天下，是曹氏父子一刀一枪打下来的。比起让石勒佩服的汉高祖刘邦，曹操也没什么逊色。倒是代魏的司马家，靠玩阴谋起家，名副其实是夺江山于孤儿寡母之手。夺得又很不地道，很是下三滥。晋室东渡之后，丞相王导，把当年司马昭如何杀死高贵乡公曹髦，即曹家倒数第二个皇帝的事，告诉了晋明帝。明帝掩面大哭，说是如果真是这样，我们后代岂能昌盛？

曹家和司马家血腥的争斗，朝里的大臣们，都有了麻烦。这个麻烦，就是站队。

曹家的江山，是一点点丢失的。即使到了司马丞相大权在握之际，曹家依旧是皇帝，司马家依旧是臣子。识时务者思想转变得快，但是，不是所有人都能这样明白的。尤其，三国承东汉的余绪，道德的讲求，无以复加。曹操打江山的时候，说不忠不孝，但有治国之术就可以用，但是江山打下来了，却又以不孝之罪，杀了孔门第二十四世孙孔融。整个上流社会，对于忠孝的讲究，跟东汉末年一样，到了矫情的地步，没有人可以自拔。

权臣司马氏，干的明明是不忠不孝之事，却在社会上把忠孝喊得震天响。这样吊诡的情形，使得士大夫们产生了分化，一部分人从矫情走向了虚伪，阴里一套，阳里一套。载于所谓二十四孝的好些人，都是这个时候的产物，比如卧冰求鲤的王祥，哭竹生笋的孟宗。今天看来，连事迹都是伪造的。卧在冰上，怎么能弄出鲤鱼来？哭更哭不出竹笋，可人家硬是混得风生水起。司马氏，要的就是这样的人。但是，另一部分老实人，则感觉到了别扭。起来反抗，又没有这个胆子，于是，大家开始放浪形骸，不遵礼法，用自己的乱七八糟，软抵抗。竹林七贤，就是这样产生的。他们的所为，有那么点像嬉皮士。

竹林七贤中的嵇康和阮籍，无疑是当年一等一的人物。司马氏即使不能收服他们于门下，但也不能让他们成为隐患。严格地说，这样的角儿，即便嬉皮了，还是让人不放心。嵇康显然掩饰的功夫不到家，得罪了司马家的谋士钟会，最后丢了脑袋。钟会这个人，从小就是个狠角色。几岁的年纪，见了皇帝居然不害怕，还说自己是怕得汗不敢出。这样的人，弄死个把人，算得了什么，有机会，连皇帝都可以取而代之（可惜没有成功）。但嵇康这样的人之死（据说有千名太学生要求拜他为师），如果没司马昭的旨意，是不可能的。阮籍和嵇康、钟会一样，也是个眼高于顶的家伙。漫说司马氏，连当年楚汉之争的要角，刘邦、项羽、张良、韩信之辈，都没放在眼里。但是，人在矮檐下，他却比嵇康要机灵，一个劲儿只管喝酒。管司马氏要官，无非步兵校尉，因为步兵衙门存有好酒几百斛。司马氏拉他也好，贬他也罢，反正总是在大醉，让你无从下手。嵇康打铁，自甘贱役，死了。他做一个酒鬼，却好好活着。也有人说，阮籍能活着，是因为他半醉状态下，替人写了司马昭加九锡的劝进文。

司马氏杀嵇康，其实就是杀鸡儆猴。用嵇康的血，给士大夫们画了条道，要么，归属门下；要么，闭嘴。这么一来，嵇康的好友向秀害怕了，这位曾经跟嵇康共弹广陵散，一起打铁的人，最终，选择了屈服。他来到了洛阳，投在了司马昭的门下。司马昭问他，听说你想学巢父和许由（传说中的上古隐士）？向秀说，现在看来，巢父和许由是不知道尧的圣意。话说得很得体，于是向秀也就没事了，一路做到散骑常侍。

士大夫苟全性命于乱世，真的很难。乱世不单指兵荒马乱，仅仅上面乱了，他们就有麻烦。做狗容易，做人难，做士大夫，更难。

（周萌霞）

110

得意忘形谓之神

【教学目标】

1. 了解南京的六朝石刻。

2. 学习文章多种表达方式和表现手法的写作。

【教学重点】

1. 培养学生搜集、筛选、归纳和利用资料的能力。

2. 学会把握信息，探讨问题，提高思考和辩证地认识问题的能力。

3. 强化学生的表达能力、写作能力、思考能力、归纳能力。

【情感目标】

了解并亲近南京文化，正确认识传统文化的现代意义。

【教学过程】

一、导入

由视频《六朝石刻》导入。

二、文本阅读

学生阅读郑奇《得意忘形谓之神》，思考以下问题。

1. 说说本文的行文思路。

2. 题目是"得意忘形谓之神"，那么金陵石刻的"意"是什么，"神"包含着什么文化内涵？

3. 本文运用了多种表达方式和表现手法，请举例说明。

三、关于石刻

1. 介绍南京石刻。

2. 避邪的造型特点是什么？避邪形象是怎样创造出来的？

3. 古人创造出避邪这种天地间并不存在的神兽来放置在陵墓前有什么用？

4. 六朝陵墓石刻的影响有哪些？

5. 六朝陵墓石刻在今天的保护开发利用有哪些？

四、综合活动

1. 作为青奥会志愿者，请你写一段200字的解说词，向中外游客介绍南京的六朝石刻；

2. 作为"亲近金陵文化"的研究者，请你致信南京市文物局，为保护六朝石刻建言献策；

3. 作为一个热心市民，请你对六朝石刻的开发利用向市人大提出建议。

五、教师小结

虽然六朝的文化，过去一千五百多年了，以避邪为代表的六朝石刻，经受了历史的风吹雨打，依然威武地守卫在帝王将相的陵墓前。避邪，蕴藏着华夏古老文明的雄浑和肃穆，闪耀着南京灿烂文化的雍容与华贵，承载着南京走过的惊心动魄的岁月和苍莽悲凉的年代。我们追昔抚今，回忆梳理避邪流溢出来的远古遗韵，并不是为了流连古旧的历史遗迹，也不是猎奇消逝的尘烟云影。我们思索避邪这些六朝石刻所包蕴的丰富内涵，目的是汲取精华，继承先人的创造精神，并从他们的世界里走出来，以新颖的思索，把握历史机遇，创造现代的辉煌。

（李琼）

桃花扇·哀江南

【教学目标】

1. 了解《桃花扇》的剧情梗概及其写作主旨，进一步了解传奇曲词的艺术特点。

2. 诵读、赏析曲词，体会其中表达的真挚、强烈的思想感情。

3. 理解"寓情于景"和"直抒胸臆"两种抒情方式的区别与联系。

4. 了解剧中人苏昆生、柳敬亭等反对权奸、关心国事、不做顺民的正义感和民族气节，培养热爱国家、民族的思想感情。

【预习部分】

第一步，对照注释，查找字典，疏通文字，然后反复诵读七支词曲，在熟读的基础上概括七支词曲的内容。七支曲子可依次概括为：战后郊外的凄凉景象、吊明孝陵、吊明故宫、吊秦淮河、吊长桥、吊旧院、总吊南京。第二步，精读中间的五支曲子，依据作者的描述，概括五处景物现在和以前的特点，如"吊秦淮河"一节。现在秦淮河是黯淡、萧条，以前是华艳、热闹。"吊旧院"一节，现在旧院是荒芜粗俗，以前是清静优雅。第三步，画出各曲词中的形容词、动词，体会词语运用的准确与生动。如"鸽翎蝠粪满堂抛，枯枝败叶当阶罩"，一个"抛"字，写出随意与凌乱；一个"罩"字，使人想见枯枝败叶的密集程度。

【教学过程】

一、导入：赏读唐代诗人刘禹锡的《乌衣巷》（见课本习题四）

（《乌衣巷》一诗与《哀江南》套曲，都以六朝故都南京为吟咏对象，都抒写了江山兴废、王朝更迭的感喟。相比较而言，刘诗以小见大，写得简洁、含蓄；而孔曲则做了全景式的描写，情感更激荡，对比更鲜明，笔墨更酣畅。赏读这套曲子，体会情感，赏析语言，是这节课的主要任务）

二、简单介绍作者

孔尚任，清初戏曲作家、诗人、孔子第64代孙。有文名，精乐律，擅词曲。《桃花扇》是他用十年时间三易其稿，于1699年完成的传奇剧本。这出戏的创作成功，使他誉满文坛，与《长生殿》作者洪昇齐名，称"南洪北孔"。

三、具体赏读曲词

提示生字，安排学生朗读课文。

蒿（hāo）菜　秣（mò）陵　长楸（qiū）　阿监（jiàn）　丹墀（chí）　饿莩（piǎo）　哗哗（liáo liáo）

1. 讨论题一：这一套曲子，有"头"有"腹"有"尾"，应当如何划分，三部分主要内容各是什么？

（第一支曲子【北新水令】是"头"，总写苏昆生所见战后南京郊外的凄凉景象，定下全篇今非昔比、怀旧伤今的写景抒情基调。中间五支曲是"腹"，写昔日国都各处的残败与冷落，寄托悼亡伤怀的哀思。最后一支曲子是"尾"，直抒胸臆，慷慨悲歌，慨叹南京城的今非昔比，表达强烈的亡国哀痛）

2. 讨论题二：【北新水令】中，"残军留废垒，瘦马卧空壕"两句构成对仗工整的一联。试分析句中四个形容词的修饰作用。

（四个形容词是"残""废""瘦""空"，分别修饰"军""垒""马""壕"四字，可看作曲词炼字的范例。战事已成过去，眼前只剩下"废垒""空壕"和卧于空壕中的"瘦马"，使人联想到南明王朝军败如崩、四散溃逃的情景。上下联不过寥寥十字，就真实地重现了经历过战争的城池伤痕累累的凄凉景象）

3. 讨论题三：从【驻马听】到【太平令】五支曲子分别写了金陵古城的哪些景物？怎样凸显其残破、冷落的景象？

（解答此题，可将五支曲子的曲词与曲词前三人的宾白做比较。宾白与曲词，都是以苏昆生故地重游的踪迹为线索、由远而近做描述的。从城郊始，依次写了孝陵、故宫、秦淮、板桥和旧院。孝陵乃皇家陵园，故宫乃赫赫皇城，秦淮乃歌舞繁华之地，当年玉柱红墙、琉璃瓦、翡翠窗，何等威严；长桥旧院，粉黛成群，处处笙箫。两相对比，更显出江山沦亡、时过境迁的悲伤。这些曲子都以写景为主，但寓情于景，不言情自在景中）

4. 讨论题四：最后一支曲子【离亭宴带歇拍煞】是画龙点睛之笔。这支曲子与前六支曲子关系如何？在语言和抒情方式上有何特点？

（前六支曲子集中笔墨写景，一气贯穿，层层铺叙描述，层层蓄势，最后则水到渠成，激情迸发，激越动人。前六支曲子主要是寓情于景，末一支曲子则直抒胸臆。从语言上说，末尾一曲多用对偶、排比，又兼用三个散句，既句式整齐又骈散结合，错落有致，读来气韵酣畅，令人慷慨击节）

四、总结、扩展

明清传奇采用南曲，但《桃花扇》却将《哀江南》这一套北曲收入剧中，就是因为北曲豪迈雄壮，便于传达沉郁、悲怆的情感。

五、课后作业

1. 背诵文中曲词。

2. 整理与本单元四位作家有关的作家作品常识，记住最重要的内容。

六、观看影片《桃花扇》片段

（韩美霞　江浩）

闲将斗草过时光

——追寻古代民俗"斗草"

【教学目标】

1. 赏析《红楼梦》中关于斗草的描写。

2. 通过相关的古诗词，探究合作，了解斗草的相关内容。

3. 体会风俗与文化之间的关系，激发学生了解民风民俗的兴趣。

【教学难点】

通过赏析诗文，探究合作，了解斗草的相关内容。

【教学过程】

一、导入

视频导入《香菱斗草》，在视频中这些女孩子都在做什么？（斗草）

今天我们就要通过古典文学，走近并了解已经消逝的民风民俗——斗草、斗百草。

二、品析《红楼梦·斗草》

在《红楼梦》第 62 回，宝玉、宝琴、邢岫烟、平儿过生日时，有着热闹的场面。《憨湘云醉眠芍药裀　呆香菱情解石榴裙》这一回中有着精彩的斗草描写，我们就一起赏析这段文字。

1. 浏览文章。

2. 读完后，请大家说说斗草这一场面描写给你留下哪些印象？

3. 学生回答教师点拨（点拨过程中朗读）。

4. 根据回答完成档案部分内容。

A. 斗草者的风采（姑娘们的天真活泼）。

B. 对个人命运、爱情等方面的抒写（香菱形象、香菱为何不说兄弟蕙而说夫妻蕙）。

C. 文斗（如何斗草的，能否删除《牡丹亭》《琵琶记》，根据文字给文斗下定义）。

三、合作探究

1. 在《红楼梦》里作者通过语言、动作等描写给我们绘制出姑娘群体以及香菱个体形象，同时给我们展现出斗草这一民俗。斗草这一民俗在很多文学作品中都有所体现，我们全班朗读晏殊的《破阵子》，看看在这首词里有没有对斗草场面的刻画？你从词中读出了哪些信息？

学生回答，完成档案。

2. 请大家分小组合作分工，仔细阅读关于斗草的诗词，完成民俗小档案。

提示：朗读诗词，首先要知道诗词说什么。其次体会诗词表达的情感。最后大声读一读，体会其写作特色。

请完成者补充说明填写依据。全班朗读。

小结：人们对消逝的民风感到惋惜，所幸南京对即将消逝的一些民俗民风进行了世界非物质遗产的申报，同时也建立了南京民俗博物馆——甘熙故居。希望大家有兴趣去了解消逝的古代民风民俗，也走进民俗博物馆去了解我们本地的民俗民风。

四、拓展思考（作业）

1. 我们对消逝的民俗感到可惜，你认为这些民风民俗消逝的原因是什么？有人认为，这些有着传统文化内涵的民俗应该在当代复建与复兴，你们认为呢？如果真要如此，你有何措施建议？请把你的思考写下来。

2. 真的有夫妻蕙吗？曹雪芹笔下的这些花草与香菱个人命运有何关系？

【板书设计】

斗草（斗百草）

类别：游戏

起源：商

时间：春社清明前后（宋以后）或者端午节

参与者：成人（多赌博）、孩童、女子

玩法：

①文斗：比采摘花草数量品种，以对仗形式互报花草名。最好引经

据典。

②武斗：比草的韧性。

文学内涵：

1. 展现游戏的热闹场面。

2. 展示参与者的风采。

3. 对个人的人生、爱情的抒写。

4. 体现对个人美好愿望的追求。

（张璐玮）

《烟雨湖山六朝梦》教学简案

——南京名胜楹联赏析

【教学目标】

1. 赏析南京名胜的相关楹联。

2. 通过相关的对联，探究合作，了解楹联的相关内容及特点。

3. 体会楹联与风景、文化之间的关系，激发学生兴趣。

【教学难点】

通过赏析楹联，探究合作，了解南京楹联的特点。

【教学过程】

一、导入

1. 用袁世凯去世的一副对联"袁世凯千古，中国人民万岁"。

2. 回忆初中所学的知识，说一说，一般对联的特点。

对联，既要对，也要联，刚才所讲的字数相等、词性相当、结构相称、节奏相应、平仄相谐，属于对，还差一个"联"。"联"就是要内容相关。一副对联的上下联之间，内容应当相关，如果上下联各写一个不相关的事物，两者不能照映、贯通、呼应，则不能算一副合格的对联，甚至不能算作对联。

3. 分析"袁世凯对联"背后的含义。

这副对联在字数上就不符合规则，袁世凯和中国人民不对仗啊。这时主人走出来解释："这叫袁世凯对不住中国人民！"

二、初步感知

1. 对联与南京（对联的起源）

南京算得上是楹联的发祥地之一。明代初年（1368），由于开国皇帝朱元璋的大力提倡，上至公卿将相，下至平民百姓家，大都张贴春联迎新年。

2. 对联的种类

春联、婚联、挽联、名胜楹联。

三、重难点的突破

1. 请大家猜一猜这些对联分别写了南京哪些名胜，其中含有哪些历史故事或文化信息？

A. 龙战方平，且喜河山尽还我；鸡鸣不已，竭来风雨正怀人。

B. 四百八十寺，过眼成墟，幸岚影江光，犹有天然好图画；三万六千场，回头是梦，问善男信女，可知此地最清凉。

C. 深谷易理，未能填海；大材难用，留待补天。

D. 烟雨湖山六朝梦，英雄儿女一枰棋。

E. 一巷月朦胧，欲问乌衣何处去；万家春旖旎，且看紫燕此间来。

2. 名胜联：是指张贴、悬挂、雕刻于风景名胜处的对联。其内容大多为题写该名胜景观（如山水楼台、文物古迹等），或者与它密切相关的人、事等。这类对联往往成为名胜景观甚至历史文化的重要组成部分。

教师板书：景观、人事。

3. 你还知道哪些关于南京名胜的楹联？请你举一个例子进行赏析。

四、练一练

1. 南京名园瞻园中有一副对联，其下联的句序、结构已被打乱，请根据所给出的上联进行适当的调整。

上联：大江东去，浪淘尽千古英雄，问楼外青山，山外白云，何处是唐宫汉阙？

下联（内容已被打乱）：红雨树边/小苑西回/莺唤起/一庭佳丽/看池边绿树/此间有/尧天舜日。

2. 古都南京，历史名城。南朝旧事、六代兴废、民国风雨，都在这座古城留下了深深的印痕，浸染出浓浓的意韵。不少地名还可组成比较工整又非常有趣的对子。例如，"石头城"对"燕子矶"，"朝天宫"对"阅江楼"，"_____"对"麒麟门"，"无想寺"对_____，_____对"状元楼"，"白马湖"对_____，"龙蟠路"对_____。

五、布置作业

1. 玄武湖舒展，鸡鸣寺空灵，秦淮河的桨声灯影，夫子庙的热闹繁华，无不让人流连忘返。请你给上联拟写一个下联。

上联：梅花海里，暗香浮动留人醉

下联：晚日（明孝陵）山中，疏影横斜送客归（举例）

2. 从南京名胜中任选一个，结合你所了解的相关历史文化知识，为该名胜拟写一副楹联。

【板书设计】

烟雨湖山六朝梦

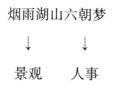

景观　人事

（李明）

走过南京的街巷

【教学目标】

1. 初步了解文章的巧妙构思，借鉴抒情散文的写法。

2. 通过解读南京地名，把握这一历史名城的历史底蕴和文化韵味，激发学生对脚下土地的热爱。

3. 引导学生关注历史变迁的文化因素，认识传统与现实的关系，将保持传统和现实的需求相结合。

【教学重点、难点】

通过学生探讨身边熟悉的地名、街名、路名，引导学生分类归纳并探究其中的文化内涵，注意其中包含的时代风貌和历史特征。

【教学时数】

一课时。

【教学设想】

地名是一种重要的文化载体。地名，顾名思义是地方的名称，原本是指地理实体和表示空间方位的一种标识。但在特别讲究名讳和风水地貌的中国文化中，它更是一种文化观念的表征，一种文化。作为历史变迁的印证，南京的地名文化，也如方言、民俗一样，是一笔宝贵的财富。本节课试图从地名、路名、街名这样一个很小的侧面来呈现南京故都的历史风貌与文明进程。

作为校本课程专题之一的"金陵文脉"，其开课主旨定位为：亲近金陵文化，提高审美能力，感悟生命关怀，丰盈个体精神。展现主旨的手段、方法、途径可以是多样的，只要激发学生对本土文化的热爱，引导学生对具有金陵文化内涵的实体的关注与文本阅读的兴趣，引导学生从古代文化现象来审视并反思现实的社会文化。

本节课设想从文本入手。首先，以学生熟悉的地铁为抓手，谈谈其中具有典型文化内涵的地名，猜测其来历，并做相应归类；其次，用一部分相对典型并为大家熟知的南京旧地名，让学生进行讨论归类，并解析其归类的目的，达到通过解读南京地名把握这一历史名城的历史底蕴和文化韵味的教学目的；再次，用文本阅读的方式了解南京民国时期地名命名的形式与特点，能联系生活实际说出相关的地名；最后，总结对南京地名进行文化解读的意义，并指导学生联系城市发展的现实结合历史上地名命名的方式，尝试给青奥村附近的新街道起一个有文化内涵的名字。

【教学过程】

一、南京地铁地名导入

每天我们行色匆匆，行走在这个城市的大街小巷。你也许熟悉你每天行走的大街小巷，但你是否想过这些街名路名的来历，是否想过小小的地名之中其实有大大的文化。今天，我们就从南京的地铁 1、2 号线的部分地名开始来领略南京这一六朝古都的历史底蕴和文化韵味。

二、文本研习

（一）学生阅读文本思考

1. 作者笔下囊镜的街巷有什么特点？

2. 作者对南京的情感有什么变化？作者是按照什么样的思路行文的？

第一节点题定调；第二节承上概写，把南京放在大的历史背景上观照；第三节总写南京的街巷和建筑；第四节从远处落笔，写三十年前从一篇文章中读到的南京所获得的感受回应第一节；第五节以中山路为中心写南京的街巷及感受；第六节写南京古老的巷子，表现南京的建筑和民居；第七节写覆舟山和鸡笼山；第八节立足点和观察角度有变化，写三十层楼上俯瞰南京街巷，感悟历史变迁；第九节全文收，畅想南京未来，祝福南京。行文思路很清晰，情感脉络有起伏：渴望—得意—欣赏—感悟—惬意—回到渴望。

3. 你最喜欢文中的哪一段？请简要说明理由。

例 1：本文巧妙非常构思，把南京比喻为历史长河中的一段，是一个大古城池，把高楼、故居、街道、树木和行人分别比喻水中的岛屿、沉船、沟谷、水草和游鱼，处处想象为水中之景，比喻精妙，给读者无穷的想象与美感。

例2：以独特的视角写南京，即从南京的街巷角度审读南京。

例3：写南京街巷时，处处扣住南京街巷的特点，历史与现代交织，破旧与繁华并存，绿树成荫与车水马龙同在，既有温馨闲适的一面，也有沉重与沧桑的一面，南京的街巷体现了丰富内涵和厚重坚韧的精神。

三、拓展

（一）教师幻灯展示

南京地铁 1 号线途经站点：……小行[1]（小米行街）—中华门[2]—张府园[3]—新街口[4]—鼓楼[5]—玄武门[6]—迈皋桥[7]

南京地铁 2 号线途经站点：油坊桥[8]—莫愁湖[9]—汉中门[10]—新街口[11]—大行宫[12]—西安门[13]—明故宫[14]—孝陵卫[15]……

（二）请学生齐读地铁地名，同时思考

你觉得地铁 1、2 号线的部分站名中较有历史韵味和文化气息的有哪些？请结合你了解的信息说一说。

你能根据你对地铁 1、2 号线中出示的地名的了解或猜测，将这些地名根据其功能类型和文化特征归类吗？试一试，写下来。你能看出地铁线路中哪些地名是属于同一类型的吗？能否归个类？

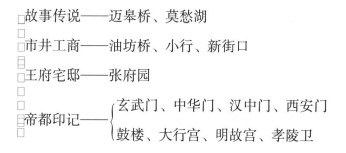

故事传说——迈皋桥、莫愁湖

市井工商——油坊桥、小行、新街口

王府宅邸——张府园

帝都印记——玄武门、中华门、汉中门、西安门
鼓楼、大行宫、明故宫、孝陵卫

四、延伸归类分析

南京作为六朝古都,历史悠久,此类地名数以千计。我们每天行走在这个城市的各个街道,你是否关注过这些地名的来历呢?我选取几十个有代表性的地名,希望能借此唤醒你对这座城市的历史记忆。

提问:按照以上四种类型的地名,将以下地名对号入座。(提示:写序号即可,如有疑义,画出来或做标记。为了节省时间,可以将全班分成四组分别完成)

(幻灯片展示,学生直接看印制资料卷)请按照以上归类,将以下地名分类整理,并想想这一类地名命名所遵循的规律,以及其中蕴含的文化意蕴。

①莲花桥　　②清凉门　　③御道街　　④龙蟠里

⑤王府大街　⑥胭脂井　　⑦明瓦廊　　⑧雨花台

⑨程阁老巷　⑩估衣廊　　⑪马台街　　⑫乌衣巷

⑬箍桶巷　　⑭汉府街　　⑮北门桥　　⑯桃叶渡

⑰鱼市街　　⑱台　城　　⑲网巾市　　⑳乌龙潭

㉑安德门　　㉒马府巷　　㉓评事街　　㉔金銮巷

㉕赛虹桥　　㉖朝天宫　　㉗颜料坊　　㉘常府街

㉙芦席营　　㉚太平门

(幻灯片投影显示,请学生用南京方言读一读这些老地名)

小结:解读南京地名,附着在南京"老地名"上的那些美丽、动人的传说向人们传达了这样的信息:其一,地名寄托了老百姓的社会意愿和生活追求;其二,地名记载了百姓对于封建帝王言行曲直的褒贬。相较于那些直观粗浅的命名,这类地名富有神话色彩,蕴含着百姓的情感倾向和心理追求。尤其是一些六朝时期的古地名，流传至今，仍洋溢着一股清逸浪漫的文人气息。

1. 市井工商——小行（小米行街）、油坊桥、新街口

⑦明瓦廊　　⑩估衣廊　　⑬箍桶巷　　⑰鱼市街

⑲网巾市　　㉓评事街　　㉗颜料坊　　㉙芦席营

小结：明初为建皇宫和都城，曾经召集全国各地工匠数万人到京，为了便于管理，这些人按照行业集中居住，统一进行生产经营活动，颇有"组织军事化、行动战斗化、生活集体化"的味道。这种制度显得严苛刻板，这些地名直观清楚，体现了专业市场的细化。但反映出明代文化的呆板和直观，缺乏了六朝文化的清逸浪漫之气息。南京许多古代地名至今仍散发着浓郁的商业气息。

2. 王府宅邸——张府园

⑤王府大街　　⑨程阁老巷　　⑪马台街

⑭汉府街　　㉒马府巷　　㉘常府街

小结：封建京都王侯聚集，朱门豪宅分布闾里。南京现有地名中，许多是历代官宦府邸名称。此外，明代还留下一些反映军队建制的卫所地名，反映军队的仓库地名，还有以军事编制单位而遗留下来的地名。昔日的王府宅院已不复存在，留存至今的或改造为公园，或作为文化遗迹供百姓游览。我们可以通过这些故居园林来领略中国人安居乐业的传统文化心态以及对人居环境的考究和审美眼光。

3. 帝都印记

城池门楼：玄武门、中华门、汉中门、西安门

城邑宫殿：大行宫、明故宫、孝陵卫、鼓楼

②清凉门　　③御道街　　⑮北门桥　　⑱台城

㉑安德门　　㉔金銮巷　　㉖朝天宫　　㉚太平门

小结：历史上所修筑的宫殿、楼阁，现在大多已无存留，但从这些沿用的地名中，不难感受到帝都豪华与威严的气息。为了把生前的生活带入死后的"另一个世界"，在"另一个世界"继续享有至高无上的皇权，历代帝王们往往不惜集中全国的人力、物力营建规模宏大、豪华奢靡的陵寝。相关地名的沿用，似乎在向我们诉说着曾经见证过的一切繁华与沧桑。

五、课后作业

（一）写一写

这几种类型的地名，你喜欢哪一类？请说说理由。

明确：明太祖朱元璋是一个严酷的帝王，就连明初在南京建都时留下的地名，也少了六朝清逸浪漫的人文气，而多了呆板直观的衙门气和规范世俗的头巾气。其中最典型的是这样两类：一是与官府宅第有关，二是与明初建都城时召集全国能工巧匠至南京集中管理有关。相较于那些直观粗浅的命名，带有民间传说的这类地名，富有神话色彩，蕴含着百姓的情感倾向和心理追求。尤其是一些六朝时期的古地名，流传至今，仍洋溢着一股清逸浪漫的文人气息。

（二）读一读

1. 请学生阅读资料《旧街新路》的节选。

2. 从民国时期道路命名的方式中，你读出了民国文化有哪些特色？

（韩美霞　黄永华）

历史的喟叹

——校本选修课程《金陵文脉（读本）》教学案例

【教学设想】

提到南京，会想到闻名遐迩的南京小吃，会想到秀丽淡雅的钟山景色，会想到华贵高雅的南京云锦……一定也会想到绮丽悲壮的南京历史，几次称都，几度兵燹。叶兆言说：南京是一本最好的历史教科书，阅读这个城市就是在回忆中国的历史。

因此，在我校校本选修课《金陵文脉（读本）》实施过程中，我曾整合一诗一词一曲，冠以标题《历史的喟叹》进行教学。

【教学目标】

1. 通过这堂课的学习，学生能够结合语言比较分析文人的情思，获得一点感悟历史的能力。

2. 通过这堂课的学习，学生能够粗略了解南京历史，体会南京历史的脉动。

3. 通过这堂课的学习，学生能够自觉关注南京文化，借此培养热爱南京的情感。

【教学内容】

入朝曲

谢朓

江南佳丽地，金陵帝王州。

逶迤带绿水，迢递起朱楼。

飞甍夹驰道，垂杨荫御沟。

凝笳翼高盖，叠鼓送华辀。

献纳云台表，功名良可收。

南乡子·自古帝王州

王安石

自古帝王州，郁郁葱葱佳气浮。四百年来成一梦，堪愁。晋代衣冠成古丘。

绕水恣行游，上尽层楼更上楼。往事悠悠君莫问，回头。槛外长江空自流。

桃花扇·哀江南（节选）

孔尚任

【北新水令】山松野草带花桃，猛抬头秣陵重到。残军留废垒，瘦马卧空壕；村郭萧条，城对着夕阳道。

【离亭宴带歇拍煞】俺曾见金陵玉殿莺啼晓，秦淮水榭花开早，谁知道容易冰消。眼看他起朱楼，眼看他宴宾客，眼看他楼塌了。这青苔碧瓦堆，俺曾睡风流觉，将五十年兴亡看饱。那乌衣巷不姓王，莫愁湖鬼夜哭，凤凰台栖枭鸟。残山梦最真，旧境丢难掉，不信这舆图换稿。

诌一套《哀江南》，放悲声唱到老。

【教学思路】

一、学生自由朗读

二、疏通诗词曲大意，补充介绍创作背景

三、师生共同讨论

1. 在三位文人眼中，南京有着怎样的特点？请结合语句分析。

2. 南京引起了三位文人怎样的情思？

四、学生谈学习体会

生1：南京巨大的历史变迁给文人提供了抒情的平台，借助这个平台，文人或讽谏朝政，或感叹物是人非，或总结历史经验教训，或感伤自我，或哀痛故国。

生2：南京历史上时而轻快明丽，时而沉重压抑，构成了南京独特的风景。其独特的魅力，引无数文人骚客折腰。

生3：我不是南京人。我以前只知道南京长江大桥，到了南京之后，看见高楼大厦，车水马龙，通过这堂课学习，我才知道南京原来是大有来头的，以后要去逛逛那些古迹。同学们能不能帮帮我呀？

生4：我记得张岱在《湖心亭看雪》中，描写自己在冬天的晚上去湖心亭赏雪，遇见两个金陵人，张岱引为知己。我想，是不是南京特殊的历史形成了南京人自由浪漫的个性？

生5：我是南京人，以前我觉得南京没有什么好玩的地方，不就是夫子庙、新街口、中山陵这些地方，现在我知道了南京还有好多地方我没去过呢。

……

师：余秋雨曾经写道：许多事，本来属于全国，但一到南京，便变得特别奇崛，让人久久不能释怀。……历代古都多得很，哪像南京，直到现代还一会儿被外寇血洗全城，一会儿在炮火中做历史性永诀，一次次搞得天翻地覆。南京交织着太多的对立与统一，而它千百年来练就的坚韧与伟岸，包容与沧桑，硬是将各种矛盾交织统一在自己流淌不息的血管里。读南京的诗篇，可以让人领略深沉博大的南京是如此将这双重性格交织在一起。

这堂课，我们仅仅学习了三篇作品，就如同在大海边捡到贝壳。说不尽道不完的南京，有更多更美丽的"贝壳"在等待你们。

创作背景：

1. 公元490年谢朓27岁，青年诗人对功名事业和前途充满了信心。这年8月，随王萧子隆为荆州刺史，谢朓迁镇西功曹并转文学。赴荆州途中，他奉随王教写下了《鼓吹曲》十首。这首《入朝曲》便是其中的一篇。

2. 此词亦为王安石晚年谪居金陵，任江宁知府时所作。

【教学体会】

身为南京人，我一直为自己的家乡感到自豪，它既有高山大河之雄浑大气，又兼江南水乡之烟雨迷蒙；既有故宫城垣的残墙旧础，又有禅房道场的暮鼓晨钟，更有诚朴可爱的同乡。可是我的学生们——生于20世纪末，长于21世纪初的孩子们，对南京却嗤之以鼻：南京夏天太热，冬天太冷；南京人是大萝卜；凡在南京定都的朝代都是短命的；南京的阴气太重；南京城市太乱……校本选修课《金陵文脉（读本）》提供给我和学生共同学习、了解、探讨南京的机会，帮助我们客观全面地认识南京，认识南京文化，从而生发出对故乡的热爱。通过这堂课的学习，我见学生们已经自觉地有意识地修正自己对南京的认识，对脚下的这片土地产生新的兴趣点。

这堂课是选修课，不同于我们平时的课堂教学。我以为，选修课相对于平时的教学来说，要来得轻松些，来得活跃些。但它毕竟还是课堂，所以教学目标还是要有的。教学目标的定位需要把握适当的尺度，既不能高也不能低，要突出选修课特点。回头看这堂课的目标设置有些烦琐，表述不尽准确。教学目标改为：①通过这堂课的学习，学生能够结合语言比较分析文人的情思。②通过这堂课的学习，学生能够体会南京历史的脉动，从而能有意识地了解南京文化。

这堂课是语文选修课，不能上成南京历史课，必须要突出语文课的特色。因此，在教学中注重品析语言，玩味语句，如对"夹""回头""剩"字的赏析，让学生感受到语言的温度，领略语言的魅力。"听说读写"是语文学科所要求的基本技能，我以为在选修课上不妨让学生多说，因此我安排了"说说你这堂课的学习体会"这一环节。

语文学科内容博大精深，地方文化资源是语文教育的宝库。我们常常眺望远方的风景，心怀仰慕之情，却漠视身边的小草，没有意识到小草也是风景的一种。语文老师有必要引导学生把语文学习同脚下的土地有机地联系起来。

（黄永华）

"抓典语，悟情语"感悟家国情怀教学设计

学习目标：

了解古典诗词在高考中的常规考点、题型。

掌握阅读古典诗词的方法与技巧。

鉴赏诗词中的典故及其所表达的情感。

重点难点：

鉴赏诗词中的典故及其所表达的情感。

教学方法：

情境、任务、活动

教学过程：

导入：

说出下列诗句南京的典故

1. <u>三山半落青天外，二水中分白鹭洲。</u>（李白《登金陵凤凰台》）（明初朱元璋筑城时，将城南的三座无名小山也围在了城中。这三座山正好挡住了从城北通向南门——聚宝门的去路。恰逢当时正在城东燕雀湖修筑宫城，于是将这三座山填进了燕雀湖。三山挖平后，在山基修了一条街道，取名为三山街。二水：一作"一水"。指秦淮河流经南京后，西入长江，被横截其间的白鹭洲分为二支。白鹭洲：古代长江中的沙洲，洲上多集白鹭，故名。今已与陆地相连。位于今南京市水西门外，已辟为白鹭洲公园。）

2. 千里澄江似练，翠峰如簇。（王安石《桂枝香鲛金陵怀古》）

（化用谢朓的"余霞散成绮，澄江静如练"）

任务一：

积累古诗常用典故（已完成）

例如"楼兰"。楼兰国王贪财，多次杀害前往西域的汉使。后傅介子出使西域，计斩楼兰王。故"楼兰"常代指边境之敌。如王昌龄《从军行》："青海长云暗雪山，孤城遥望玉门关。黄沙百战穿金甲，不破楼兰终不还。"又如李白《塞下曲》："愿将腰下剑，直为斩楼兰。

任务二、把握古人用典方式

1. 明用典与暗用典。明用典，即在诗中一眼就能看出来，如"凭谁问：廉颇老矣，尚能饭否？"掌握暗用典，要靠自己的积累。如"起舞闻鸡酒未醒，潮落秋江冷"（张元干《卜算子鲛风露湿行云》），它暗用了祖逖闻鸡起舞的典故。

2. 正用典与反用典。作者使用典故，有时与典故义一致，叫正用典，如苏轼《江城子鲛密州出猎》使用"持节云中，何日遣冯唐。"的典故；有时与典故义相反，叫反用典，如王维《山居秋暝》尾联"随意春芳歇，王孙自可留"，原典故是"王孙兮归来，山中兮不可以久留"，这里反其意而用之，"王孙"偏要"留"下来。

任务三、经典回顾，品情感析方法

1. 辛弃疾《永遇乐·京口北固亭怀古》

千古江山，英雄无觅，孙仲谋处。舞榭歌台，风流总被，雨打风吹去。斜阳草树，寻常巷陌，人道寄奴曾住。想当年，金戈铁马，气吞万里如虎。

元嘉草草，封狼居胥，赢得仓皇北顾。四十三年，望中犹记，烽火扬州路。可堪回首，佛狸祠下，一片神鸦社鼓。凭谁问：廉颇老矣，尚能饭否？

词中表现了作者对英雄业绩的热烈向往（诗中的英雄是？）表示词人收复中原的决心；而对统治者的轻率出兵，（又是谁?）又表现了深切的忧虑和愤慨；更表达了人才不能进用的慨叹（这样的人才是?），词人字字句句都渗透着作者沉痛的感情和报效国家的强烈愿望。

错误。用典就是为了更好的表达思想情感。

2. 通过板书，掌握鉴赏方法

讨论 1：把握典中情要注意哪"两面"情感

"一面"是作者对典故中的人、事的情感态度，"一面"是作者借此要表达的对现实、对自己的情感态度。

任务四：实战演练

文天祥《南安军》

梅花南北路，风雨湿征衣。

出岭谁同出？归乡如不归！

山河千古在，城郭一时非。

饿死真吾事，梦中行采薇。

【注】公元一二七九年，南宋被元军攻陷，宋朝灭亡。文天祥在前一年被俘北行，于五月四日出大庾岭（梅岭），经南安军时作此诗。

诗歌尾联运用了什么典故？表达了诗人什么样的思想感情？

①尾联运用了周武王伐纣灭商，伯夷、叔齐不食周粟而采薇首阳山，最终饿死的典故。

②表达了诗人绝不投降、取义成仁的节操和以死明志、誓死报国的爱国情感，显示出了高尚的民族气节。

秣 陵

清鲛屈大均

牛首开天阙，龙岗抱帝宫。六朝春草里，万井落花中。

访旧乌衣少，听歌玉树空。如何亡国恨，尽在大江东！

【注】秣陵：今南京市，秦朝称为秣陵。牛首、龙岗均为南京山名。

（1）这首诗的颈联运用了哪两个典故？有什么作用？

答案 乌衣巷、玉树后庭花（或玉树。乌衣，东晋以及南朝时聚居于南京乌衣巷的王谢诸名门大族，这里借指明代的遗民。玉树，指陈后主的《玉树后庭花》。被称为亡国之音。形象地表现了当日金陵人事之凋零。

（2）后人评价颔联中的"春草"、"落花"意蕴深厚。"春草"、"落花"有什么样的丰富含义？

答案："春草"一语则暗用杜甫《春望》中"国破山河在，城春草木深"句之意，寄寓诗人对国家安危的无限忧虑和哀愁；"落花"既是抒写暮春景象，又是表现城市的残破；同时，又暗用南唐后主李煜《浪淘沙》词"流水落花春去也，天上人间"一句的意思，来寄寓诗人的亡国之痛。

讨论2：用典的作用：

①引前人之言之事，使立论有根据

②诗中有不便于直接叙述的，借典故的暗示，委婉道出作者的心声

③减少语词的累赘，使语言更精练（近体诗有字数限制，诗句应力求经济）

③使文辞典雅，加大历史的纵深感，丰富诗歌内涵（充实内容，美化诗句）

任务五：课后拓展

金陵望汉江》（李白）

汉江回万里，派作九龙盘。

横溃豁中国，崔嵬飞迅湍。

六帝沦亡后，三吴不足观。

我君混区宇，垂拱众流安。

今日任公子，沧浪罢钓竿。

讨论：诗中运用任公子的典故，表达了什么样的思想感情？

①诗人以水无巨鱼代指世无巨寇，表达了对大唐一统天下、开创盛世伟绩的歌颂；

②诗人自比任公子，觉得在太平盛世没有机会施展才干，不免流露出一丝英雄无用武之地的失落。

2.（2018？北京）阅读下面这首词，完成小题。

满江红：送李正之提刑入蜀[1]

辛弃疾

蜀道登天，一杯送绣衣[2]行客。还自叹中年多病，不堪离别。东北看惊诸葛表，西南更草相如檄[3]。把功名收拾付君侯，如椽笔。

儿女泪，君休滴。荆楚路，吾能说。要新诗准备，庐江山色。赤壁矶头千古浪，铜鞮陌[4]上三更月。正梅花万里雪深时，须相忆。

【注释】【1】这首词作于宋孝宗淳熙十一年（1184），当时辛弃疾闲居江西上饶。提刑，官名，主管地方司法、监察等事务。【2】绣衣：官服。【3】相如檄：指司法相如所《喻巴蜀檄》，主旨是安抚巴蜀百姓。【4】铜鞮陌：代指襄阳。

（1）下列对本词的理解，不正确的一项是（　　　）

A. 词的开头四句，先写对方行程，再写自己的多病与离愁，暗含蹉跎失志的惆怅。

B. 李正之即将远赴蜀地担任要职，作者满含深情地称许友人才华出众，巨笔如椽。

C. 作者认为荆楚路上的江山美景都是作诗的好素材，如庐山景、赤壁浪、襄阳月。

D. 词的结尾两句，怀念过去与李正之雪中赏梅的情景，表达对友谊的珍惜与赞美。

（2）辛弃疾词善于借用典故和化用前人佳句来抒情达意。下列分析，正确的一项是（   ）

A. "东北看惊诸葛表"，借用诸葛亮上表出师的典故，勉励友人报国立功。

B. "赤壁矶头千古浪"。借用苏式游览赤壁的典故，抒发人生短暂的感慨。

C. "蜀道登天"，化用李白，"蜀道之难，难于上青天"，表达对友人的担忧，望其早归。

D. "儿女泪，君休滴"，化用王勃 "无为在歧路，儿女共沾巾"，表现宦游漂泊的凄苦。

（3）清人陈廷焯《白雨斋词话》评论本词的艺术特色说："龙吟虎啸之中，却有多少和缓。"请谈谈你对上述评论的理解，结合具体词句作简要阐述。

【答案】（1）D

（2）A

（3）龙吟虎啸与和缓相对，分别指的是诗人用典的大气、和情感的细腻，诗人通过 "诸葛表" 和 "相如檄" 等典故表达出对友人的祝愿和期许，给人以龙吟虎啸之感；又通过 "中年多病"、"儿女泪"、"须相忆" 等句感怀自身，为和缓。

附：

"抓典语，悟情语" 感悟家国情怀学案

说出下列诗句中南京的典故

1、三山半落青天外，二水中分白鹭洲。(李白《登金陵凤凰台》)

2、千里澄江似练，翠峰如簇。(王安石《桂枝香鲛金陵怀古》)

任务一：积累古诗常用典故

例如"楼兰"。楼兰国王贪财，多次杀害前往西域的汉使。后傅介子出使西域，计斩楼兰王。故"楼兰"常代指边境之敌。如王昌龄《从军行》："青海长云暗雪山，孤城遥望玉门关。黄沙百战穿金甲，不破楼兰终不还。"又如李白《塞下曲》："愿将腰下剑，直为斩楼兰。

任务二：把握古人用典方式

1、明用典与暗用典。明用典，即在诗中一眼就能看出来，如"凭谁问：廉颇老矣，尚能饭否?"掌握暗用典，要靠自己的积累。如"起舞闻鸡酒未醒，潮落秋江冷"(张元干《卜算子鲛风露湿行云》)，它暗用了祖逖闻鸡起舞的典故。

2、正用典与反用典。作者使用典故，有时与典故义一致，叫正用典，如苏轼《江城子鲛密州出猎》使用"持节云中，何日遣冯唐。"的典故；有时与典故义相反，叫反用典，如王维《山居秋暝》尾联"随意春芳歇，王孙自可留"，原典故是"王孙兮归来，山中兮不可以久留"，这里反其意而用之，"王孙"偏要"留"下来。

任务三：经典回顾，品情感析方法

辛弃疾《永遇乐·京口北固亭怀古》

讨论1：把握典中情要注意"两面"情感

"一面"是（　　　　　　　　）；

"一面"是（　　　　　　　　）。

任务四：实战演练

文天祥《南安军》

梅花南北路，风雨湿征衣。出岭谁同出？归乡如不归！

山河千古在，城郭一时非。饿死真吾事，梦中行采薇。

【注】公元一二七九年，南宋被元军攻陷，宋朝灭亡。文天祥在前一年被俘北行，于五月四日出大庾岭（梅岭），经南安军时作此诗。

诗歌尾联运用了什么典故？表达了诗人什么样的思想感情？

秣　陵

清鲛屈大均

牛首开天阙，龙岗抱帝宫。六朝春草里，万井落花中。

访旧乌衣少，听歌玉树空。如何亡国恨，尽在大江东！

【注】秣陵：今南京市，秦朝称为秣陵。牛首、龙岗均为南京山名。

（1）这首诗的颈联运用了哪两个典故？有什么作用？

（2）后人评价颔联中的"春草"、"落花"意蕴深厚。"春草"、"落花"有什么样的丰富含义？

讨论2：用典的作用：

（1）_____；

（2）_____；

（3）_____；

(4) _____。

任务五：课后拓展

金陵望汉江（李白）

汉江回万里，派作九龙盘。横溃豁中国，崔嵬飞迅湍。

六帝沦亡后，三吴不足观。我君混区宇，垂拱众流安。

今日任公子，沧浪罢钓竿。

诗中运用任公子的典故，表达了什么样的思想感情？

（丁婷婷）

04

教学反思论文

学习共同体　语文新平台

——《金陵文脉（读本）》选修课程校际合作开发扫描

"江南佳丽地，金陵帝王州。逶迤带绿水，迢递起朱楼……"这是南朝诗人谢朓对美丽南京的诗意描绘。南京是六朝古都，是历史文化名城。千百年来，众多的文人墨客留下了大量的诗词文章。经过时间的淘洗，不少作品成了不朽的经典篇章。它们融合了南京的自然、历史和人文精神，承载着独特的金陵文化，蕴含着极为丰富的课程资源。

开发利用南京地域文化资源，是语文教师的文化自觉和应尽责任。于是，在南京市教学研究室的大力支持下，由特级教师胡云信领衔，南师附中、南京一中、中华中学、金陵中学河西分校、十三中、二十九中、南大附中、大厂中学、建邺高中的十八位青年骨干教师参与其中，合作开发出《金陵文脉（读本）》选修课程。

《金陵文脉（读本）》由8个专题50余篇诗文组成，内容涉及山水、园林、历史、文学、艺术、人物以及地方风俗和特产。每个专题以经典选文为主体，以思考感悟、活动设计、资料链接为支撑，通过文本线、文化线、活动线、读写线四线交织，构成整体。《金陵文脉（读本)》选修课程主旨定位：了解脚下的土地，亲近金陵文化，读美文，学语文，提高探究、审美、应用能力，提升学生的综合素养。

每个专题由五个部分组成。"概说"部分，既有专题内涵解读，又有阅读方法指要，人文性和工具性融为一体，意在解放学生的手脚，激发学生的阅读欲望和想象空间。"选文"部分，经典美文为主，诗词歌赋、小说、散文、戏曲、人物传记、书序、碑记，应有尽有；或记叙，或议论，或抒情，或说明，诸体兼备。"思考感悟"部分，"想一想""说一说""写一写"，视角多变，注重思维发散与聚合。"活动建议"突出实践性、选择性和可操作性，注重培养学生的探究能力。"资料链接"部分，连续性文本和非连续性文本兼备，或是方法的介绍，或是知识的呈现，体现文化性、方法性、知识性、趣味性。

选文是《金陵文脉（读本)》的主体。第一专题"山水含芳意　烟雨入壮怀"，以记叙写景的游记散文为主；第二专题"园林无俗日　春秋有闲情"，以写景状物的散文为主；第三专题"古来埋金地　青史帝王州"，以论述类本文为主；第四专题"笔墨精神立　文章风骨存"以小说诗歌、戏剧等文学作品为主；第五专题"艺术通今古　妙品传后人"，以说明类的文艺小品文以及图片等非线性文本为主；第六专题"人物本俊秀　不言自风流"，以人物访谈、人物传记、人物通讯等实用类文本为主；第七专题"物华天可宝　灵秀地能出"以说明类文本为主；第八专题"风俗多趣味　人间少烦忧"，选文体裁兼顾众体，丰富多样。其中山水、园林、风俗三个专题，教学活动侧重参观游览，让学生亲临现场；历史、文学两个专题，侧重通过经典文本的阅读与探究，使学生有所感、有所思；人物专题，侧重用座谈会或沙龙的形式，让学生自由品说；特产专题，可以观赏，可以品尝，甚至可以动手做，动手写。当然，各个专题都有一些富有特色的活动方案，具体实施过程中，可以综合借鉴，取长补短，力争做到形式多样，关键点是既要学生感受到金陵文化之美，又能够接受到语文教育的人文熏陶。

实践和讨论中，大家觉得：《金陵文脉（读本）》首先是语文课程，要有语文性和语文味，那就要以选文为主；其次，金陵文化课程，又要突出文化，突出南京的地域特色；最后，既是选修课程，就要与国家课程有所区别，更加突出学生的实践和趣味。

2010年初，在南京市教研室召开第一次会议起，迄今已经召开了五次专题会议。第一次会议，掀起头脑风暴，碰撞交流，见仁见智，广开思路。第二次会议，畅谈编写体例，品读南京美文，"爬罗剔抉，刮垢磨光"。第三次会议，打磨体例，细读文本，互文比读，问计学生。第四次会议，研讨教学构想，设计活动方案。第五次会议，收集精美图片，切磋《金陵文脉（读本）》，校对舛误，推敲细节。三年时间，我们先后上了十余节研究课，收集了几百篇（首）吟咏南京的诗词文章，积累了大量的课程资源。

开发的过程就是学习合作的过程。《金陵文脉（读本）》的校际合作开发，为青年骨干教师提供了一个走出校门交流切磋、合作共享的平台，为有热情和志向的青年教师建立了一个学习的共同体，为校际合作、深度教研提供了一个新模式。

经过几年实践探索，我们形成共识。语文是综合性、开放性极强的课程。语文教育只有以课堂教学为基点，向各个领域拓展延伸，把学生的语文学习同他们脚下的文化与生活有机地联系起来，才能形成全面素养，培养有文化之"根"的现代人。因为语文兼具有工具性和人文性，所以很容易剑走偏锋，一味追求语文的文字功能，而忽略语文的人文功能。教育意味着一种价值引导，更意味着个体的自主建构。语文学科内容博大精深，地方文化资源是语文教育的宝库。语文教育工作者，只要用心引领，就能够唤醒学生的内心，认同本土文化，建构完整的自我。

过去的工作只是第一步，以此为原点，打通古今，融合内外，开拓实践领域，丰盈语文精神，今后还有很长的路要走。

（胡云信）

语文教学应植"根"于地域文化

近日看到一篇报道，两名美国人柯祎蓝和司圆直痛感中国方言不断消失的现状，于 2009 年开始创办一个旨在记录中国"正在消逝的方言"的网站"乡音苑"。"乡音苑"的最大特色是做了一个"方言地图"，即在一张地图上，在特定区域提供一段当地方言的音频。只要点击图标，便可播放相应的方言音频。两个外国人的创意之举，引发笔者对语文教学的新思考。

在我们辽阔的土地上，存在着极其丰富的多样性语言，然而，随着社会的高速发展和普通话的不断推行，方言的生存空间似乎越来越小。在很多地方，年轻一代已经不能准确地讲出祖辈的方言，对独特地域文化也越来越模糊。笔者并非杞人忧天，如果不能引起高度重视，我们的下一代将可能成为失"根"的一代——不会讲地道的方言，不懂具有浓厚乡土味的民俗，不解朴素自然的故乡山水，模糊对一方水土的童年记忆。

近年来，笔者带领南京市一批青年骨干教师，致力于开发利用

"金陵文脉"蕴含的丰富课程资源,传承源远流长的"六朝烟水气"之精神。今天看到两个美国人的故事,反观我们以前所做的工作,越来越觉得,这项工作具有特别的价值和深远的意义。

语文教学要有地域文化之"根"。母语教育的最高境界是植根于丰厚的传统文化的土壤。传统文化不是化石,化石可以凭借其古老而价值不衰,传统文化必须发展才有持久的生命力,传播才有影响力。

现今的语文教学太过依赖现行的教材,忽略了当地丰富的乡土文化资源的开发与利用。其实任何一个地方,都有丰富的自然、社会和人文资源,都与一个生于斯长于斯的人血脉相连。作家柯灵说:"每个人的心里,都有一方魂牵梦萦的土地。得意时想到它,失意时想到它。……辽阔的空间,幽眇的时间,都不会使这种感觉褪色,这就是乡土情结。""老师应当努力扩大学生的知识面,使他们由认识家乡的田野和树林而逐渐扩大到了解祖国以至全世界的自然界和生活。"(霍姆林斯基《给教师的建议》)

传承传统文化特别是地域文化,"外之既不后于世界之思潮,内之仍弗失固有血脉"(鲁迅语),应该成为每一个语文教师的文化自觉和责任担当。

南京是六朝古都,是历史文化名城。千百年来,众多的文人墨客留下了大量的诗词文章。经过时间的淘洗,不少作品成了不朽的经典篇章。"江南佳丽地,金陵帝王州。逶迤带绿水,迢递起朱楼……"这是南朝诗人谢朓对南京的诗意描绘。金陵地域文化融合了金陵的自然、历史和人文精神,承载着独特的金陵文化,蕴含着极为丰富的课程资源。

开发利用南京地域文化课程资源,是语文教师的文化自觉。2007

年，在我的带领下，当时的上新河中学、南湖高级中学和金陵中学河西分校的部分语文老师，选编出版了《金陵古韵》一书；2008 年起，我又带领建邺高中的语文教师在此基础上开设了"历代南京诗词选读"校本课程，并获得南京市普通高中首届精品校本课程评比一等奖；2009年，又申报了国家级课题"文学教育研究"之子课题"地域文化与文学教育"，经过两年多的实践研究，于 2010 年顺利结题并获得"优秀课题"称号。这为《金陵文脉（读本）》的校际合作开发奠定了良好的基础。于是在南京市教学研究室的大力支持下，由我领衔，南师附中的张小兵，南京一中的包旭东，中华中学的周春丽，金陵中学河西分校的王毅、侯燕红等二十位青年骨干教师积极参与，合作开发出《金陵文脉（读本）》选修课程。

几年来，我们搜集文章，设计方案，展开研讨，实施教学，"爬罗剔抉，刮垢磨光"。迄今为止，校际合作开发的《金陵文脉（读本）》选修课程，由江苏教育出版社纳入"全国优秀校本课程出版工程"和"江苏省校本课程精品系列"正式出版。

筛选文章，编写教材，开阔了眼界，丰富了学养。南京的文化发展源远流长，脉络绵延；承载金陵文化的文章体裁有一个发展的过程，从民歌到辞赋，从诗歌到词曲，从散文到小说，从小品到戏剧，从文言到白话，生生不息，脉络清晰。通过广泛搜集文章，可见文学发展之脉，文体演变之脉，文化传承之脉。

我们讨论中确定，《金陵文脉（读本）》由八个专题组成，内容涉及山水、园林、历史、人物、文学、艺术以及地方风俗和特产。每个专题以经典选文为主体，以思考感悟、活动设计、资料链接为支撑，通过文本线、文化线、活动线、读写线四线交织，构成整体。《金陵文脉（读本）》选修课程主旨定位：亲近金陵文化，感受名城魅力，读美文，学语文，提高探究、审美、应用能力，提升学生的综合素养。

每个专题由五个部分组成。"概说"部分，既有专题内涵解读，又有阅读方法指要，人文性和工具性融为一体，意在解放学生的手脚，激发学生的阅读欲望和想象空间，文字跳脱灵动。"选文"部分，经典美文为主，诗词歌赋、小说、散文、戏曲、人物传记、书序、碑记，应有尽有；或记叙、或议论、或抒情、或说明，诸体兼备。"思考感悟"部分，"想一想""说一说""写一写"，视角多变，注重思维发散与聚合。"活动建议"突出实践性、选择性和可操作性，注重培养学生的探究能力。"资料链接"部分，或是方法的介绍，或是知识的呈现，体现文化性、方法性、知识性、趣味性，连续性文本和非连续性文本兼备等特点。

选文是《金陵文脉（读本）》的主体，尽量突出其文本体裁的"类"的特征。第一专题"山水含芳意　烟雨入壮怀"，以记叙写景的游记散文为主；第二专题"园林无俗日　春秋有闲情"，以写景状物的散文为主；第三专题"古来埋金地　青史帝王州"，以论述类本文为主；第四专题"人物本俊秀　不言自风流"，以人物访谈、人物传记、人物通讯等实用类文本为主；第五专题"笔墨精神立　文章风骨存"以小说诗歌戏剧等文学作品为主；第六专题"艺术通今古　妙品传后人"，以说明类的文艺小品文以及图片等非线性文本为主；第七专题"物华天可宝　灵秀地能出"以说明类文本为主。第八专题"风俗多趣味　人间少烦忧"，选文体裁兼顾众体，丰富多样。其中山水、园林、风俗三个专题，教学活动侧重参观游览，让学生亲临现场；历史、文学两个专题，侧重通过经典文本的阅读与探究，使学生有所感、有所思；人物专题，侧重用座谈会或沙龙的形式，让学生自由品说；特产专题，可以观赏，可以品尝，甚至可以动手做，动手写。当然，各个专题都有一些富有特色的活动方案，具体实施过程中，可以综合借鉴，取长补短，力争做到形式多样，关键点是既要学生感受到金陵文化之美，又能够接受到语文教育的人文熏陶。

语文是综合性、开放性极强的课程。语文教育只有以课堂教学为基点，向各个领域拓展延伸，把学生的语文学习同他们脚下的文化与生活有机地联系起来，才能形成全面素养，培养有文化之"根"的现代人。因为语文兼具有工具性和人文性，所以很容易剑走偏锋，一味追求语文的文字功能，而忽略语文的人文功能。教育意味着一种价值引导，更意味着个体的自主建构。语文学科内容博大精深，地方文化资源是语文教育的宝库。语文教育工作者，只要用心引领学生，精心设计课程，就能够唤醒学生的内心，认同本土文化，建构完整的自我。

开发的过程就是学习合作的过程。从 2010 年年初，我们在南京市教研室召开第一次会议起，迄今已经召开了五次专题会议。第一次会议，掀起头脑风暴，碰撞交流，见仁见智，广开思路。第二次会议，畅谈编写体例，品读南京美文。第三次会议，打磨体例，细读文本，互文比读，问计学生。第四次会议，研讨教学构想，设计活动方案。第五次会议，收集精美图片，切磋文本，校对舛误，推敲细节。几年来，我们先后上了几十节研究课，收集了几百篇（首）吟咏南京的诗词文章，积累了大量的课程资源。几年来，我们引导学生吟咏她的诗词歌赋，寻访她的名胜古迹，感悟她的园林文化，领略她的多彩艺术。语文教学通过与地域文化的对接，大大丰富了学习内容，也培养了学生的审美能力和审美情趣。

《金陵文脉（读本）》的校际合作开发，为青年骨干教师提供了一个走出校门交流切磋、合作共享的平台，为有热情和志向的青年教师建立了一个学习的共同体，为校际合作、深度教研提供了一个新模式。我们深知，金陵文化丰富多彩，以前所做的工作只是第一步，今后还会在这个文化的海洋中遨游、前进，不断汲取新的营养。

（胡云信　丁婷婷）

让自由的生命在地域文化中诗意栖居

——以《金陵文脉（读本）》选修教学为例

近几年，我们在组长胡云信老师的带领下，共同开发了"金陵文脉（读本）"校本选修课程。我和同事们多次开设以金陵文化为主题的校本选修课。

这样的课到底怎么上呢？是学习几篇名人写南京的文章，把这类选修课上成必修课；还是分设专题集中介绍金陵文化，把选修课上成专题学术课；抑或是安排学生走访参观，把课上成活动课；甚至让学生搜集一些奇闻轶事，把课上成娱乐消遣课。

如何上好"金陵文脉（读本）"这类校本选修课程，这是很有价值的问题。一方面，金陵文脉源远流长，内涵丰富，蕴含着极为丰富的课程资源；另一方面，为师者往往熟视无睹，"鼎铛玉石，金块珠砾"，把这宝贵的乡土资源白白浪费掉。本文拟就笔者在课程研发过程中开设的"品味秦淮文化"公开课的经验感受，试图对这一问题做一肤浅解答。

"秦淮文化"微专题课设计了三个环节：第一个环节"说一说，秦淮的风流遗韵"：阅读王献之的《桃叶歌》、谢朓的《入朝曲》以及南朝民歌《长干曲》，结合已经学过的《兰亭集序》，让学生说一说和秦淮有关的古迹、传说、人、物、事，进而探究六朝风流的具体内涵。第二个环节"议一议，秦淮的古今绮梦"：提炼不同的历史阶段，感悟秦淮文化体现出的不同内涵。第三个环节"写一写，秦淮的未来迤逦"：为穿越而来的历史人物写一篇导游美文，为传承金陵文脉提出自己的建议。

总结这一专题的教学体会，笔者概括出上好校本课程的一点体会，即校本选修课必须追寻四"意"价值：创意、写意、得意和诗意。

一、校本课程设置要充满"创意"

校本课程课堂的"创意"首先体现在教师的智慧。选修课的教学要尊重学生生活阅历、语文能力和思维方式等方面的差异性。就阅读而言，可以着眼于学生不同个体的发展，结合教材内容的多层次性和语文问题的多样化等特点，智慧地设计教学活动。

教师在课堂上体现不出"创意"，教学就不可能新颖、与众不同，整个课堂就不可能彰显出"教者的个性"，更不可能成为"艺术"。所以在设计教学课堂时，把文化与能力提升融合在一起。在上《秦淮文化》这节课时，笔者是这样开头的："南京作家叶兆言说：'秦淮河是一条文化含金量很高的河。'那么在这一条标志性的河流里沉淀了哪些彩虹似的梦？请你说一说和秦淮有关的古迹、传说、人、物、事……"当然学生课前从图书馆、资料室以及互联网上查阅大量资料，在这个环节里，学生搜集的成果得以展示的同时也激发了学习的兴趣，与后面的

"议一议""写一写"环节形成一条明线，也给后面从中探讨提取出的"秦淮文化"内涵做了有效铺垫。

可以说，校本课堂也给教师个性特长的发挥和教学特色的展示提供了更自由、更广阔的空间。这就要求教师要敢于张扬个性，不必拘泥教材。这样既可以充分展示自己的教学追求和审美趣味，也可以在合理的空间中表达自己的个性解读。教师在选修课教学中应适度淡化应试色彩，摒弃耳提面命地说教，拒绝矫揉造作地抒情，在展示课程个性的过程中展示自己的教学个性。

"创意"的课堂更是体现在学生的思维创意。在"议一议，秦淮的今时绮梦"环节中，我问："如果，真有穿越，那么历史人物重游了21世纪的秦淮河，他们会想些什么？你会对他说些什么？请你选择一个针对他（或她）的特殊身份，写一篇有针对性的导游词。"有的写王献之，探讨人与文化的关系；有的写杜牧思考"亡国"的问题；有的写古今环境对比，提出环保问题；有的用李香君来否定"商女不知亡国恨"的观点；还有的写到课堂上不曾提到的唐伯虎，感叹当今选拔人才的公平性……

二、校本课程课堂当注重"写意"

"写意"是国画的一种画法，用笔不求工细，重在神态的表现与情感的抒发。以这种观念看课堂，教师在课堂教学中则不必面面俱到。秦淮文化应该还有其他的内涵，但本节课只撷取了魏晋时期的风流旷达、唐元时期的忧国沧桑和明清的气节大义，侧重表现的是魏晋的旷达本真。要注意的是内容的取舍应"以生为本"——在学生思维所能触及的范围内进行提炼归纳，留给学生足够的思维空间，让他们自己去读、去悟，去以大观小、由小窥大，进而掌握所学的精髓，领略所学的美妙。学习《秦淮文化》时有意识地将课堂教学向社会生活延伸，设计了"想一想"——有人说，21 世纪的市场经济，商业运作古文化，秦淮河的商业味浓郁得像黏稠的蜜，蛊惑得秦淮河的清韵全然无了踪影。或许，要寻找唐诗宋词的妙韵只能回到诗卷中，回到历史中了。对此你的观点是什么？这一环节为学生进一步探究留下空间。

《金陵文脉（读本）》是以选文为主体编写的，这些选文都是著名作家的经典作品。如果单篇学习，则与必修课的上法趋于雷同，体现不出选修的特点。以专题的形式推进，则可以加大阅读选篇容量，体会传统文化的特点；但如果只在面上着眼，对经典美文的语言评析则可能蜻蜓点水，不能深入，所以要点面结合，有深有浅，既在专题学习中得法，又在单篇阅读中识趣。

三、校本课程活动须追求"得意"

这里的得意不单是指"满意"，也指"领会旨趣"。一堂课下来，不仅师生共同对这节课以及这节课中自我的表现表示满意，更是指师生双方在这节课中有自己的收获，有自己对金陵文脉体现出的文化精髓有独到的把握。

比如杜牧有两句诗，"大抵南朝多旷达，可怜东晋最风流"。如何理解这两句？在学习了《兰亭集序》之后，我组织学生阅读"六朝的风流遗韵"微专题，将萧纲的《梅花赋》和萧绎的《采莲赋》对照阅读。《梅花赋》由花及人，由花生情，结构匀称，以及文章写法上的"结体之美"等特点值得我们仔细品味。《采莲赋》短短一百余字，自然清美，节奏明快，韵致流溢，将采莲人的神态动作、心理状态、环境氛围无一不描绘得传神有加。学生通过研习讨论，明白六朝的旷达和风流就是一种精神的自由，心灵的放飞，就是对人生、对自然、对生命的珍视和热爱。

"得意"就是得文章真意，得独到意趣，既需要"面"上的展开，还需要"深度"上的探究。我校周萌霞老师依据袁鹰《且说六朝烟水气》讨论南京的清雅自然的文化特点时，拿"南京大萝卜"与之比较谈自己的认识，使课堂在对心中"秩序"与"价值"的坚持中得以进一步升华。"六朝烟水气"按照文章作者袁鹰的分析就是对自然生态的爱护和保护，就是文化氛围的营造和创造。学生则结合当下人们重物质轻文化的浮躁之气，指出：我们要从"六朝烟水气"中汲取对心灵自由的追寻、精神丰盈的追求。

在教学活动中，当教师把学生作为对象进行教育时，教师在引导学生发展的活动中，"通过暂时的主体的隐退而张扬学生的主体性"，与此同时，教师自身也获得了超越和自我实现。这种超越可以是知识上的补遗，可以是教学方法的改变，可以是教学风格的转变等。"义理一原须得意，知行两字在潜心。"我校李琼老师赏析《得意忘形谓之神——南京六朝石刻欣赏》时，有学生把"促进了现代人在经济浪潮卜对古代文化遗产保护的警醒"纳入六朝陵墓石刻的影响条例，这不仅是教者也是许多听课老师都不曾想到的一条。

如果说必修课是高中生的主食，那么校本选修，应该是学生们的一道文化沙拉，其主要宗旨是给成长中的他们不仅是文化的滋养，也可能是情感的浸润和品质的陶冶。这种情感的体验是付出后的一种收获，专注后的一种自得，是属于个体的"唯我"的体悟。这种收获可以是一种知识，更可以是一种观念的转变，一种能力的提升，甚至是某种情感的升华。

四、校本课程体验当充满"诗意"。

我想，只有那种将课文作为一个载体，师生的思想时而在上面栖息，时而又畅游四方的课堂才是诗意的课堂；只有那种充满了"心有灵犀一点通""此时无声胜有声"的课堂才是诗意的课堂；只有那种师生于"山重水复疑无路"的困境中忽然发现了"柳暗花明又一村"的课堂才是诗意的课堂；也只有那种学生在教师的引领下在字里行间"悟读"出独特感受的课堂才是诗意的课堂；也只有那种学生抬眼看自己的生活能发现"美"的存在，为自己的心灵找到精神栖居地的课堂才是诗意的课堂。诗意使我们的课堂少些娱乐的浮躁，多些人文的沉淀。

有个学生写道：

站在高楼之上，放眼看往，人流如织，灯火如炬，南京城依然是那么珠光宝气。让我们默默传承金陵文化千百年来的精髓，坚守那方自由的空间，在我们被世俗纠缠得身心疲惫的时候，栖息一下躁动的心魂。

胡云信老师说："语文教育的本质特征应该是充满诗意的，是应该笼罩着创造灵性的光环的。语文教材、语文考试和分数决不是语文教学的全部，甚至如果只有这些就不是真正的语文学习。"《金陵文脉（读本）》选修课程，正给学生的诗意人生注入了丰富营养，也为我们的诗意课堂注入了取之不竭的能量。

（韩美霞　江浩）

南京地名文化研究教学拾隅

2011—2012 学年，我在高一年级开设了"金陵文脉"的选修课程。古老的南京，处处都有鲜明的历史文化印记，而它众多的地名从经济、政治、文化多方面奠定了这个城市深厚的文化底蕴，地名也如方言、民俗一样给我们留下了宝贵的精神财富。

于是，我引导学生从地名研究入手，领略金陵文化之美。整个研究活动历时八周，共分四个阶段：首先，确定研究目标；其次，调查研究；再次，汇报交流；最后，成果展示。

以下是学生研究的一些小片段：

A 组　南京地名探源

组长出示幻灯片，图文并茂。组员介绍南京地名中的历史文化。

（一）沧桑兴衰的历史

"南京"历史上别称冶城、越城、石头城、秣陵、金陵、建业、扬州、建邺、建康、秦淮、应天、江宁、天京等。在城市遗留的地名中有典型的帝王之都的痕迹，如御道街、午朝门、五龙桥、厚载门（即今后宰门）、明孝陵、王府园、汉府街、邓府巷、常府街、李府街、程阁老巷等。

（二）纷繁绚丽的文化景观

我们有一份资料，那就是市民评选的"南京十佳老地名"：乌衣巷、朝天宫、桃叶渡、成贤街、龙蟠里、夫子庙、长干里、孝陵卫、莫愁路、虎踞关。"南京十大遗憾消失老地名"：唱经楼、安乐寺、邀笛步、百猫坊、杏花村、子午路、凤凰台、仁孝里、吉祥街、赤石矶。这些地名之所以让南京人留恋，主要是地名中的典故源远流长，至今还为人津津乐道。比如，桃叶渡的浪漫，莫愁湖的凄美……

B组　南京地名的命名方式

组员在投影中播放幻灯片，请同学分类。

（一）以下几十个有代表性的地名，我们可以分成几类

①莲花桥　②清凉门　③御道街　④莫愁湖　⑤王府大街　⑥胭脂井　⑦明瓦廊　⑧雨花台　⑨程阁老巷　⑩估衣廊　⑪马台街　⑫乌衣巷　⑬箍桶巷　⑭汉府街　⑮北门桥　⑯桃叶渡　⑰鱼市街　⑱台城　⑲网巾市　⑳乌龙潭

同学交流研究，小组展示：

1. 故事传说①④⑥⑧⑫⑯⑳

2. 市井工商⑦⑩⑬⑰⑲

3. 王府宅邸⑤⑨⑪⑭

4. 帝都印记②③⑮⑱

小结：南京地名命名方式各异。比如第二类"明瓦廊""估衣廊"

"箍桶巷""鱼市街""网巾市"等地名多为明代时出现。明初为建皇宫和都城，朱元璋召集全国各地工匠十万人到京城，为了便于管理，这些人按照行业集中居住，进行生产经营活动。透过这些直观清楚的地名，可以看出明代专业市场的细化，但同时也反映出明代文化的特色，比较而言缺乏六朝文化的清逸浪漫之气。而第四类"清凉门""御道街""北门桥""台城"等地名大多为历史上所修筑的宫殿、楼阁名等，大多已无存留。相关地名的沿用，似乎在向我们诉说南京城曾经的繁华与沧桑……

在研究活动中，同学们或走街串巷，实地考察；或发放问卷，采访居民；或到图书馆、档案馆，查阅资料；或从网上搜索，搜寻筛选资料。他们纷纷表示，通过研究，大开眼界，感受到南京地名蕴藏的丰富内涵。一方面，地名中"金陵帝王州"、王侯之都的地名尽显风流；另一方面，家畜家禽、瓜果蔬菜也入地名，俗得纯真可爱，充分体现了南京的市井百态。那些地名背后的故事深深吸引着自己，地名不再是冷冰冰和无意义的几个汉字。

一个学生在研究性学习报告中写道：

当人们需要标记自己对于这个世界所处的位置时，地名随之而来。人们在某处出生，成长，安居，直至死亡，地名对他而言就不只是一个坐标，不再是一个简单的符号，而是一种对自身存在的确认，是一种感情上的归属。所以在这大千世界之中，我们才会有这形形色色，甚至是奇形怪状的地名。它们或底蕴浓厚，或浪漫迷人，或粗鄙不堪，凡此种种，皆是我们对这个世界的眷恋。

……

　　抚摸南京的古老地名，明清时期充满浓郁的生活味儿；而那些风月无边的字眼则大半来自两晋盛唐。魏晋名士的落拓风骨，那种恣狂的浪漫主义的行经让人们至今思慕。明清两朝，随着农业经济发展的巅峰，作为苏浙一带最为繁华的金陵，手工业生产和商品经济日渐繁盛，和生活息息相关的、透着商业味道的地名的增多也就不足为奇了。

　　如今，城市的脚步越来越快，我在四处寻找老地名时发现，无论曾经浪漫或是平凡，那些地名都同样经历着时间的洗礼。千百年之后，人面桃花皆已成空，只有那些地名中的记忆，传递着无止境的生命热情。

　　　　　　　　　　　　　　　　　（南京市中华中学周春丽）

诗词解构：一种用美阐释美的方式

——《金陵文脉（读本）》第五专题教学实践例谈

《金陵文脉（读本）》（江苏教育出版社）第五专题"笔墨精神立文章风骨存"选用历代南京的诗词曲赋精品20余首（篇），从南朝歌赋、唐人诗歌，到两宋词作、清代套曲，承载了古都南京一千多年的文学流变与脉动。

如果选用必修阶段的"精细讲解"或选修阶段的"专题研读"的方式来学习这一组作品，那么对于学生来说，或许更多的只是增加了古典诗歌的量的积累缺乏对其他学习能力的培养。此外，古典诗歌凝练的语言、铿锵的节奏、丰富的情感、优美的意境带给我们的愉悦感往往会在公式化地"鉴赏"中消失殆尽。正如有些学生戏言：读读觉得很美，讲讲倒不觉得多优美了。

笔者在教授这一专题时，尝试用"诗词解构"的方法引导学生完成本专题的自主学习，试图以这种方式，用美的形象来阐释美的内涵。这一做法借鉴了台湾老诗人洛夫先生的"唐诗解构"。洛夫以现代诗的形式"古诗新铸"，即"试以现代语言表述方式、全新的意象与节奏，来唤醒、擦亮、激活那曾被胡适等人蔑视、摧残、埋葬的旧传统，并赋予新的艺术生命"。（洛夫《〈唐诗解构〉自序》）

一、解构，是移情入境的最好途径

平时在我们的诗歌教学中，学生欣赏古典诗歌最大的问题就在于很难进入诗人所营造的情境之中，这种对诗的隔膜是客观存在的，时间空间的阻隔、文化的断层、生活体验的缺乏等因素加剧了隔膜的产生。因此，如何让学生"入乎其内"，让学生打开想象的大门，激发他们的创造力，从视觉、听觉到情感体验上感知到真实存在的自然和生活，进入一种感同身受的情境，是引领学生真正走进诗歌、走近诗人的重要一环。从这个意义上讲，诗词解构是移情入境的最好途径之一。

试看曹彦、陶茜茜两位同学对李白《登金陵凤凰台》的解构：

愁这江水悠悠/愁这土地繁华到头/凤凰将凤凰台上无情遗留/愁草熏风暖吴宫安在/愁细雨流光晋冢古丘/愁山隐青天水断汀洲/愁这蔽日碎云叠叠厚厚/莫倚栏杆残照当头/愁我肉眼望不见长安楼/愁我迢迢一生寻不到美人回眸/你却说莫如这/雄雄昂昂昏昏醉醉的酒一口（曹彦）

哗/凤凰来，凤凰去/带走了一曲曲繁华/大梦一场/接着，又再梦一场/怅惘，在心间生芽/一点点，荡开/呵，山峰啊/只有你，依然身着蓊郁的衣裳/多年，一样/还有江水涛涛/在我耳边/不停地回荡/浮云悠悠/你为什么要挡住我的视线？/算了，算了/一酒入肠，尽遗忘，尽遗忘（陶茜茜）

两位同学准确地把握了李白登临凤凰台时的所见所感，做到了对诗境的回归。在解构的诗章里，曹彦把天荒地老的历史变迁与悠远飘忽的传说故事结合起来，以"愁"为中心词，展开了对江水、凤凰、吴宫、古丘等物象中寄寓的昔盛今衰、自然永恒的喟叹，同时也寄托了对诗人忧国忧君、抱负难施的理解和同情。陶茜茜同学则完全把自己置于凤凰台上，在历史与现实、自然景与诗人情纠合缠绕，与凤凰、山峰、江水以及浮云的对话中，唱出一曲对历史和现实的挽歌。

二、解构，是对古典诗歌的诗意烛照

诗词解构，必须建立在对诗篇的透彻的领悟之上。然而解构终究不能等同于古诗今译，当我们以现代汉语形态来翻译那些充满韵味的诗句，或者过度理性地解析其中的修辞手法和创作技巧时，常常会在这一过程中丧失诗歌隽永的意味。因此，我们期待的诗词解构，不仅仅是以现代汉语形态对古典诗歌进行解读，更是藉着诗意的表达，对诗歌进行全新地观照，既传达诗人对于自然、现实、历史、人生的观察与思考，也表现自己对诗人、历史重新的审视。

潘敏、陶谦同学是这样解构李白的《金陵酒肆留别》的：

风将柳花/扫在桌上/嗅的人/鼻头正痒/瞧/这腰肢细软的卖酒姑娘/哄着你/再尝一尝/她家的美酒佳酿/唉/这女郎/真辜负了伊的俊俏模样/怎不知我心中郁结，几欲断肠/肆外天清气朗/门内只听王孙公子叹短吁长/富贵又何如/不免离别苦/长亭酒/味酸楚/莫学古人将离别意比作流水故/话别不如早行路（潘敏）

船在岸边等着/挣脱，挣脱/要跑向远方/嘿，你给我回来/春风在酒店里生长/是酒的醇香，还是柳花在轻扬/喝酒吧，喝酒吧/我只是害怕这快乐的酒家姑娘/怕她的热情湮灭/又平添了一分凄凉/珍重啊，朋友/你看那长长的流水/竟比不过我们相互的思念/还有离别的惆怅（陶谦）

一句"风吹柳花满店香"，在两位同学的解构中，一个是"风将柳花/扫在桌上/嗅的人/鼻头正痒"，一个是"春风在酒店里生长/是酒的醇香，还是柳花在轻扬"。伴随两种或生趣或清新的画面，氤氲的诗意扑面而来。语境中将古典诗句的意蕴进行了创造与升华，在填补了诗句文字背后的空白的同时，又巧妙地创造了另外的空间，这在一定意义上扩充了诗歌的审美境界。对最后一联的解读，更是体现了两位同学对于离别意义的不同理解。成功的解构，不仅需要对诗歌最大限度地尊重，更需要以现代人的身份反视省察其中的意境以及诗人的心绪。

三、解构，是对多种文体"微写作"的巡视

近年来，"微写作"渐渐成为中学写作教学的热点，北京更是持续数年将"微写作"纳入高考作文考试范畴，对高考作文改革进行了有益的探索。有人认为，"微写作"顺应了"微博""微信"等文化现象而兴起。事实上，"微写作"只是古代常见的精微创作的回归，我国诗词曲、古典文论、笔记体小说等，都是微写作的典范之作。

诗词解构要求学生综合运用叙事、描写、抒情等表达方式，展示自己是言语能力和情趣智慧。在实际教学中，我们把解构的形式由现代诗歌扩展到散文诗、小散文甚至剧本、小小说。

例如，萧格尔同学将南朝民歌《长干曲》编成了独幕剧：

[波涛汹涌，菱舟随风摇曳。一妙龄女子立于船头，小花头大襟短褂，小琵琶扣，一抹蓝裙，一条黑辫，一双亮眼。]

[岸边，一位书生模样的游子看着逐浪小舟，痴了。]

游子：姑娘，小心啊！

少女：（莞尔一笑，顺着波浪回转船头，浪花四溅，落在岸上）三江潮水急哟，五湖风浪涌哎。

游子：（慌忙躲闪，有点气恼）不怕浪花吞了你？

少女：风里来，浪里去，不怕颠，不怕摇。

［少女驾舟远去，留下歌声数行、浪花几朵。］

游子：（怅惘良久，喃喃自语）江之永矣，江之永矣……

冷锦阳同学用小散文解构谢朓的《入朝曲》：

在那个群山竞秀、绿水迎郭的地方，阳光照进了红楼梦乡。曾经，这里歌舞袅袅、笑语声声。是谁，站在那宫殿顶端，俯瞰芸芸众生；又是谁，挥袖揽过万千风云，成就一方霸业？水流不语，带着点点新绿从脚边缓缓流过；微风不言，载着纷纷细雨吹乱闺中清梦。恍恍惚惚，在那绵延高峻的山林中看见了一抹朱红。宫阁楼台就这么静静伫立在山间，轩昂又沧桑。杨柳依依，轻抚着古老飞檐，缓慢而又坚定地诉说着桑田沧海。绿水淙淙，留下了永不磨灭的印记。萦绕在心扉，还有功与名，如凝练笳声、细密鼓声，缠绕于沉沉雾霭。

诗词解构，并不是简单地对作品中艺术形象和作家审美意识的消极接受，而是包含了读者的再创造。这种结合微写作的个性化的解读法鼓励学生用自己的语言诗意地表达自己的思想感悟，因此学生的语言智慧和诗词的美丽进行了一次美妙的对话。

（南京一中　包旭东）

赏美文　游秦淮　品小吃　著文章

南京小吃历史悠久，品种繁多，自六朝时期流传至今。南京夫子庙秦淮风味小吃是我国四大小吃群之一。但也有网友评价："南京小吃没有特色，除了盐水鸭没有什么特产可以带回家。"于是，我问学生："作为南京人，你对此有什么想法呢？当有亲朋好友来到南京，想要参观游览夫子庙，并尝尝南京的特色小吃，你又怎样才尽到地主之谊呢？"

带着这样的问题，我们高一（2）班的同学在老师的指导和带领下，开展了"赏美文，游秦淮，品小吃，著文章"的语文活动。活动分三步走。

第一步：推荐学生阅读选修课程《金陵文脉（读本）》中的相关美文，如丁家桐《秦淮百姓家》、梁晴《魁光阁小憩》、叶灵凤《南京二题》以及《秦淮风味小吃》《南京板鸭》《水八仙和旱八仙》等，品读文章，游历南京。

第二步：游览秦淮河、夫子庙，了解秦淮小吃中"中华老字号"的历史渊源和传统特色；寻访几家老店，品尝秦淮小吃。

第三步：调研小吃现状，领略秦淮风情，感悟小吃之美，写出精美文章。

活动过程是：

第一小组：上午两个半小时，由组长周梦婷总负责，她将组员分成三组进行"导游"解说，分别是：

①名人故居游：李香君故居、吴敬梓故居、王谢故居、瞻园（卞婕主讲）

②科举文化游：大成殿、江南贡院、文德桥（陈伊桐主讲）

③秦淮风光游：仿古河房建筑、白鹭洲公园（曹思远主讲）

导游旗和扩音器是少不了的，潘涵同学的摄像机全程跟踪，丁小林的照相机咔嚓咔嚓，更没有闲着。

第二小组：中午时分出场，在事先踩过点的组长徐振强带领下，走街串巷，到老字号的店家去品尝美食，照片记录名店招牌美食小吃。为了省钱，大家分批购买美食小吃，分而食之，一路热热闹闹，不亦乐乎。于是有所叹焉：流传已久的秦淮八绝风味小吃，一干一稀搭配恰当，很能引起食欲，但是有的老字号已经拆除，不见踪影；有的国营老字号经营不善，加工粗糙，失去了小吃原有精致的风貌；有的老字号老师傅隐退已久，手艺近乎失传。比如，"蒋有记"这家老店，牛肉汤和牛肉锅贴实在好，不负所望；"奇芳阁"和"状元楼"酒店的小吃套餐价格过高，只能整套出售，不能零点，难以走入寻常百姓家；新开的秦淮小吃城将不少小吃品种集中在一家店内，方便了顾客，免去寻找的烦恼，但价高量少，仍不完美。

第三小组：品尝美食的同时，还在店里现场发放事先准备的调查表，请顾客配合填写。活动后小组成员将表格分析整理，为成果展示和调查报告的撰写做准备。他们一路观赏，一路走访，一路询问：

（1）秦淮风味小吃的口味是否沿袭传统，真正正宗的还有多少？

结论：风味小吃普遍存在传统手艺失传，老师傅流失，青黄不接的情况。正宗的小吃手艺逐渐失传。

（2）一人食用完整一套秦淮小吃量是否偏大，价格是否过高？

结论：普遍反映量偏大，价格过高，不适合普通百姓。

（3）秦淮小吃分散各处，外地游人很不好找，是否也制约了它们的推广？

结论：秦淮小吃城（把美食集中到一家店里），是一种较好的尝试，但仍有不足之处。

有所行必有所得，活动后三个小组进行了成果展示。校内图片展示：将活动过程中拍摄的照片整理，按照"游玩""品尝"两大专题进行展示，图片有标题，配简短文字。文章交流：将活动前准备的导游词、中华老字号的介绍文字、活动后的随感、调查报告等用文字形式呈现。网上共享：将所有的图片和文字资料在网页上共享，写成《夫子庙旅游美食攻略》之类的小文章。

一点感想：紧扣"金陵文脉"课程进行的此类社会实践活动，充分挖掘了本土文化资源，让学生从书本走到生活中来，近距离感受，全身心投入实践活动。阅读与写作相结合，感性体验与理性调研相结合，可以说是非常有益的探索。在活动过程中，严密的组织，精心的准备是必不可少的。作为教师，充分尊重学生的主体地位，只引领而不是全盘布置。

当然，活动过程中也存在许多不利因素，如实践活动与课堂教学时间的冲突，家长和其他老师、学生的不理解，短期内无法看到实际效果等。

金陵中学河西分校

（钱静　侯燕红）

堂前燕飞入寻常百姓家

——《且说六朝烟水气》教学体会

　　《且说六朝烟水气》是袁鹰的一篇散文。作者先概括对南京城的独特印象,然后笔锋一转,说起"六朝烟水气"在现代南京的内涵及其表现。这篇散文放在语文选修Ⅱ《金陵文脉(读本)》的第三专题"历史遗韵"中,编者意图很明确:以这个文本为支点,引导学生走进历史,探寻金陵文化的内涵与嬗变。

　　作为参编者之一,我知道《金陵文脉(读本)》的课程定位:它区别于国家课程,是以地域文化为载体,引领学生认识家乡的文化,从而增强学生对乡土文化的认同感。这样的课程实施更强调学生的主体参与和探究。

　　根据教材编排和文本内容,《且说六朝烟水气》的教学目标有三:一是理解六朝烟水气的内涵;二是探究六朝烟水气的传承与嬗变;三是品味描写六朝烟水气的文字之美。教学重难点自然就落在探究和品味上。但是,再完美的教案设计,都只是展示教师的主观愿景。教学实施则要以学情为背景,侧重表现学生的主体活动。以下是《且说六朝烟水气》教学的三个片断。

一、关注当下生活，明辨文化内涵

文本里，作者回忆了不少游玩南京的经历与印象。其中有能表现"六朝烟水气"的行动，像大量的绿化建设；也有不能表现"六朝烟水气"的举动，如夫子庙的重建。鉴于这些文本内容都是作者的经验，且又过去了不少年。我觉得要激发学生的兴趣，必须与他们自己的生活联系起来，这样才能真正理解"六朝烟水气"的内涵。于是，我设计了一个主体性很强的问题：

请你关注当下生活，与同学一起收集或回忆有关南京的生活事件，明辨哪些能够表现六朝烟水气，哪些不能表现六朝烟水气，为什么？

事实上，这个问题不但涉及面大，而且还会形成争议。学生们提到了保护梧桐树、修建中山陵的栈道以及维护明城墙等事件。但是，当有同学提到老城南的拆与留时，课堂立马有了不同的声音。大部分同学认为这个不能表现"六朝烟水气"，小部分同学则相反。我抓住这个机会引导他们思考"六朝烟水气"的内涵。"六朝烟水气"是吴敬梓在《儒林外史》里提出来的。它指向的是底层文化还是上层文化？在老城南的问题上，来自底层老百姓的声音，就是想保留老南京人生活的痕迹。"六朝烟水气"其实就是一种文化性格。

二、精读经典作品，探究文化嬗变

文本写作思路是顺流而下探寻六朝烟水气，并没有逆流而上探寻"六朝烟水气"的文化源头。"六朝"二字本来就有一种历史感。为了让学生拥有一次完整的"金陵文化之旅"，根据学生的阅读现状，我列了个小书单，出了一个探究题：

推荐阅读：1.《美的历程》第五章"魏晋风度"；2.《寻觅中华》中的"丛林边的那一家""千古绝响""重山间的田园"；3.《世说新

语》；4《民国那些人》。

探究：阅读后，你最想与同学分享的是什么？你发现"魏晋风度"与"六朝烟水气"之间有什么联系？除了阅读经典作品，还有哪些方式可以帮助我们亲近金陵文化？

同学们的阅读和思考，果然精彩纷呈。同学们在课堂不但分享了大量的人物逸事，而且能分析他们在为人处世上的相似点。从阮籍到陶潜再到王献之等六朝人物，都"亲自然而远名利"，这种名士风尚影响甚大，以至菜佣酒保都向往自然，拥有闲适的心态。真是"堂前燕飞入百姓家"啊。说到现代南京，除了民国时期的那些人，有同学指出还可以通过观看电影来体味"六朝烟水气"。例如，《夏天》《记忆望着我》这类影片都是表现南京普通人生活状态的。这种方式激发了更多学生探究的兴趣，让学生更深刻地了解南京人的文化心理。

三、比较城市性格，品味文化之美

"一方水土养育一方人"，南京是六朝古都，是历史文化名城。现在的南京城市发展要考虑经济建设，但更应该考虑城市的文化建设。重视和发展城市文化，形成南京独特的文化性格。为了更直接地让学生品味南京城的独特性格，我做了如下有趣的提问：

请想像如果一个老南京与几个其他城市的人相聚在某一个情境中，你可以从哪些方面去判断他们可能来自某个城市？

这个问题比较考验学生的智慧。学生最先想到的依据是南京话。当然，更高明的是从言行举止和心理心态上去判断。学生情境设计别出心裁，往往能契合南京的历史。人物对话也能暗含南京的风俗习惯。整个想象过程，有趣且充分体会了南京的文化之美。

（周萌霞）

让《金陵文脉（读本）》"脉动"起来

——校本自主学习案例简析

一、案例描述

（一）案例主题

指导学生有效开展自主合作学习，以提高《金陵文脉（读本）》的使用效率。依据语文课程工具性和人文性相统一的原则，培养学生阅读体验、考察走访和研究型写作能力，感受历史文化名城的魅力和风情，延续地方文化命脉。

（二）案例背景

当代语文教育应增强人文精神，引导学生关注"足下的土地和野草之美""语文学习的外延与生活的外延相等"。而我们的中学生大都表现出对本土传统文化的陌生和逃离，这导致传统文化营养的缺失，也是语文教育的缺憾。我们开发《金陵文脉（读本）》，是语文教育加强本土传统文化传承的最好契机。

新课程倡导"自主、合作、探究"的学习方式，在合作中学习，在学习中创造。如何使我们的语文校本课程不沦为盲目的探究，避免滑向只讲形式而不讲实效的误区？根据学生的兴趣和需要，利用我校的地域优势，选择适合学生的合作学习方式，提高学习专题的选择性，是增强学习效果、促进高中生个性化发展的有效途径。

（三）实施步骤

①阅读体验（一周）

②分组考察（一天）

③独立研究（二周）

④分享展示（四次）

（四）自由分组和选择专题

自由结合，分成四组：胜迹考察组、园林游览组、历史文脉组、特产风物组。每一个组第一周阅读《金陵文脉（读本）》相关文章，然后确定一天的考察行程，利用两周时间独自确立微专题，搜集整理资料，开展研究。最后分组展示研究成果，包括图片、资料、文章和报告等。整个过程历时半学期两个月。

（五）学生个性化学习成果展示如下：

主持人情境导入：

有一首歌谣，你唱过，你的爸爸妈妈唱过，你的爷爷奶奶也唱过，我们来温故一下："城门城门几丈高？三十六丈高。骑大马，带把刀，城门底下走一遭。走一遭，操一操，你要橘子要香蕉，橘子香蕉都不要，大马借我跑一跑，跑一跑。"忘不了的乡音乡情啊！

第一组沈同学——"山水含芳意，烟雨入壮怀"专题解说

"指点六朝形胜地，唯有青山如碧。"北支龙潭山、栖霞山、乌龙

山、幕府山临江而立。南延老虎山、狮子山、八字山、清凉山连成一体。中支宝华山、龙王山、灵山、钟山平地突起，西延富贵山、九华山、鸡笼山、五台山悬崖峭壁。更有那著名的秦淮河像玉带一般横贯于市区，玄武湖和莫愁湖就像两颗明珠，左偎右依，浩浩长江穿城而过，奔流东去。

请让我们跟着我们小组一起领略山水神韵……

第二组林同学——"园林无俗日，春秋有闲情"专题解说

六代豪华，十朝名都，曾经辉煌无数；陵园森森，城垣巍巍，历经风云坎坷。钟阜石头城，十里秦淮河，走近她，领略亭台轩榭，江滨城郭；寻找美丽动人的帝宅胜迹，聆听博爱之都的钟鸣水韵。南京留给我们的永远是浓郁的古城气息和宁静的城市氛围。

请欣赏我们小组对民国建筑的真情叩问……

第三组王同学——"古来埋金地，青史帝王州"专题解说

共饮一江水的"茂苑城如画，阊门瓦欲流"的苏州书香氤氲，较少风声鹤唳的血光，却能文化久远，才子遍出；"东南形胜，三吴都会"的杭州则烟柳画桥，更是远离兵燹之灾，户盈罗绮；"江南佳丽地，金陵帝王州"的南京有吴宫花草、晋代衣冠、明祖殿堂、天国烽火、民国往事，更有战火悲壮，屠城悲凉，如今徜徉于山水之间，可以触动历史脉搏，流连于湖光山色，亦能感受历史沧桑。

请听我们组抚摸历史伤痛，感喟盛衰兴亡……

第四组四陆思雨同学——"爱我家乡"自拟专题，研究报告片段展示

现在的城市规划，将很多民国时期的老建筑都拆除了，盖起了新

楼。不知道什么时候开始，那些经历风雨、业已斑驳的建筑不能再讨得我们的欢心，退居到城市的角落。当一座座古建筑在我们眼前陆续倾毁，我们是悲伤的，我们才发现自己的依恋；而当又一座座高楼大厦建起来了，我们又发现自己是那么的兴奋；当我们品味古老的地名，却感受不到古老的神韵，我们心归何处？

作文片段展示：

当人们需要标记自己对于这个世界所处的位置时，地名随之而来。人们在某处出生，成长，安居，直至死亡，地名对他而言就不只是一个坐标，不再是一个简单的符号，而是一种对自身存在的确认，是一种感情上的归属。所以在这大千世界之中，我们才会有这形形色色，甚至是奇形怪状的地名。它们或底蕴浓厚，或浪漫迷人，或粗鄙不堪，凡此种种，皆是我们对这个世界的眷恋。

……

抚摸南京的古老地名，明清时期既充满浓郁之气，又富有生活味儿：汉府街、王府街、御道街、鱼市街、明瓦廊、箍桶巷；而那些风月无边的字眼则大半来自两晋盛唐：莲花桥、乌龙潭、莫愁湖、桃叶渡、胭脂井、乌衣巷；魏晋名士的落拓风骨，那种恣狂的浪漫主义的思想让人们至今思慕。明清两朝，随着农业经济发展的巅峰，作为苏浙一带最为繁华的金陵，手工业生产和商品经济日渐繁盛，和生活息息相关的、透着商业味的地名的增多也就不足为奇了。

如今，城市的脚步越来越快，我在四处寻找老地名时发现，无论曾经浪漫或是平凡，那些地名都同样经历着时间的洗礼。千百年之后，人面桃花皆已成空，只有那些地名中的记忆，传递着无止境的生命热情。

二、案例反思

1. 专题式分组探究的校本学习活动，唤醒了同学们的阅读主体意识。这种按兴趣组合的互相合作、切磋交流、心得分享的自主学习氛围最令人感动。

①成员分工明确，或资料搜集或组织内容或制作 PPT 或总结发言，每个成员承担个体责任，彼此相助，互相依赖。

②组内主题选择要有一定的探究价值，既合乎组员的情趣意愿，又能激发同学的合作热情，还对学生具有一定的挑战性，必须通过合作才能完成。

③自主学习教会孩子们学会倾听，学会认同，学会质疑，学会争辩；既尊重别人意见，又表达自我的观点。

2.《金陵文脉（读本）》选修课本是基于浓郁地域特色文化，又不失语文味。"金陵文脉"课程开发，主要特点是在课程开发时，更多地关注我校所处城市的可用资源，利用古都地域特色来开展校本课程，真正秉承了"以人为本，发展教育"的原则。

北大的一位教授说："城市与其反映的文化，如影随形，不可分割。"南京是中国历史上举足轻重的都城，更是一座拥有珍贵历史文化的名城。今天虽然南京不再是政治重镇，却仍处处可见那还未消褪的六朝繁华及王者风范。"金陵文脉"系列校本课程的研修在我校渐成风气，就是让孩子们置身其中，眺望传统与现代在这里交融延伸，谛听繁华与宁静在这里协调合奏，触摸历史脉搏，体验当下百态。

本案例通过对本土南京文化的自身价值、校本课程价值的积极探讨尝试，初步构建自主学习实施方案，试图探索校本课程资源开发与利用的思路与模式，为我校语文教育课程改革，包括为本地区基础教育课程改革提供一些依据，让本土文化校本课程成为现行语文课程有意义的补充，拓展语文教育的视野，推动新课程改革和素质教育实施。

现代教学作为一种培养人的社会实践活动，是以增强学生的主体意识、发展学生的主体人格为目标。本案例中小组合作的课堂汇报，试图通过活动来引发学生主体成长与校本拓展之间的相互作用，从而重树教学活动主体，促进学生主体性地发展。基于广泛而有效的课程资源，为合理定位学生发展性学习，群体智慧被激活了，实践能力才可以表现出来。

3. 语文教育尤其高中阶段要充分挖掘区域文化资源，让区域文化融入校本课程，在形成具有鲜明地域特色和浓郁区域文化的校本课程体系的同时，满足学生身心发展的要求，也体现为服务社会发展培养人才的方向。但具体操作中也存在困惑。

①定型化的"选文"制度、模式化的文本呈现方式使语文教学变革面临困境。如何搭建一个灵动跳脱、有利于实施的课程框架，如何实现校本选修的学习价值，成为当前语文校本教材编制和实施的实践难题。

②选修Ⅱ如何与必修阶段的语文学习和选修Ⅰ无缝对接，如何与当下的以考试分数为主要评价标准的评价方式融合互促，更好促进高中生的个性发展，是我们需要不断探讨的命题。

（王玲　黄永华）